Daniela Zeller

So werden Sie gehört

- Richtig reden
- Professionell präsentieren
- Authentisch auftreten

Fotografiert von Thomas Maria Laimgruber

Ueberreuter

ISBN 978-3-8000-7406-8

Cover und grafische Gestaltung: Reiterer Grafik
Cover- und Innenfotos: Thomas Maria Laimgruber

Druck: Druckerei Theiss, A-9431 St. Stefan i. L.
7 6 5 4 3 2 1

Ueberreuter im Internet: www.ueberreuter.at

Liebe Leserin, Lieber Leser!

Haben Sie schon einmal darüber nachgedacht, wie viele Stunden Sie täglich damit beschäftigt sind, mit anderen Menschen zu kommunizieren? Ob im persönlichen Gespräch oder am Telefon, ob im Job oder mit Freunden: Wir müssen (und dürfen!) reden. Immer und überall.

Ich habe vor vielen, vielen Jahren beschlossen, das Thema „reden" zu meinem Beruf zu machen – und ich habe diese Entscheidung nie bereut. Die Beschäftigung mit meiner Stimme und meinen rhetorischen Möglichkeiten, die Auseinandersetzung mit der Sprache des Körpers und den theoretischen Grundlagen der Kommunikation – all dies hat mein Leben immer bereichert und mich mir näher gebracht.
Die folgenden Seiten sind das Ergebnis der Erfahrungen, die ich im Laufe der Jahre sammeln durfte: als Moderatorin, Sprecherin, Kommunikationstrainerin und Coach.

Ich habe dieses Buch geschrieben ...

- *für alle, die ihre Zuhörer erreichen, berühren und mitreißen wollen,*
- *für alle, die sich ein sicheres Auftreten und mehr Ausstrahlung wünschen,*
- *für alle, die etwas zu sagen haben,*
- *für alle, die ein/e noch bessere/r Redner/in werden wollen,*
- *für alle, die sich fragen, wie man endlos lange reden kann, ohne heiser zu werden,*
- *für alle, die endlich mit ihrem Lampenfieber klarkommen wollen,*
- *für alle, die sich mehr Selbstvertrauen wünschen,*
- *für alle, die finden, dass sie etwas mehr beruflichen Erfolg verdient hätten,*
- *für alle, die Präsentationen noch spannender gestalten möchten,*
- *für alle, die wissen, dass sie nur dann wirken, wenn sie authentisch auftreten,*
- *für alle, die herausfinden möchten, welcher Redetyp sie sind,*
- *für alle, die mit sich selbst und anderen Menschen in Kontakt treten wollen,*
- *für alle, die sich wünschen, dass die anderen zuhören, wenn sie etwas sagen,*
- *für alle, die sich in Diskussionen besser durchsetzen wollen,*
- *für alle, die finden, dass die Momente, in denen man sich mit sich selbst beschäftigt, kostbare Momente sind,*
- *für alle, die mehr über sich erfahren wollen,*

- *für alle, die sich ihrer Einzigartigkeit bewusst sind,*
- *für alle, die so wahrgenommen werden wollen, wie sie wirklich sind,*
- *für alle, die bereits an sich glauben, und*
- *für alle, die heute damit beginnen.*

Ich habe dieses Buch geschrieben, weil ich aus tiefstem Herzen daran glaube, dass es sich immer lohnt, über den eigenen Schatten zu springen und zu REDEN. Klar, wer etwas von sich preisgibt, kann Fehler machen, auf Widerstand stoßen und verletzt werden. Wer redet, hat aber auch die Chance, weiterzukommen und sichtbar zu werden. Hat die Chance, die eigenen Grenzen zu erweitern – und die der anderen auch.

Nur wer redet, wird gehört.
Wer gehört wird, kann gestalten.
Werden Sie zum Gestalter Ihres Lebens!

Ihre Daniela Zeller

PS: Wenn Sie mir über Ihre Erfahrungen berichten wollen, freue ich mich über ein E-Mail von Ihnen: kontakt@danielazeller.com

Teil 1: REDEN

Was macht eine/n „gute/n Redner/in“ aus?

Können Sie gut reden? „Nein“, denken Sie wahrscheinlich, „Vielleicht bin ich ganz okay, aber gut – nein!“ Andere Frage: Haben Sie sich schon jemals überlegt, was einen guten Redner ausmacht?

Ein guter Redner zu sein, bedeutet nicht, jedes Wort perfekt auszusprechen oder alles zu wissen. Auch jemand, der sich gewissenhaft an alle Rhetorikgesetze dieser Welt hält, ist noch lange kein guter Redner, sondern eher eine Maschine in Menschenform, die gut formulierte Sätze professionell ausspuckt.
Eine technisch brillante Rede oder Präsentation zu halten, ist das eine – tatsächlich anzukommen, beim Zuhörer etwas auszulösen, Spuren zu hinterlassen, das andere. Und genau das wollen Sie doch, oder?

Was also ist das Geheimnis? Was muss ein guter Redner können? Was muss er haben? Wie soll er sein?
Diese Fragen habe ich mit meinen Seminarteilnehmern und Coachs schon oft diskutiert und auch selbst darüber nachgedacht. Dabei haben sich die folgenden 33 Punkte herauskristallisiert:

Ein guter Redner ...

1. ... ist mit sich selbst im Einklang. ❑
2. ... verfügt über ein gesundes Selbstbewusstsein. ❑
3. ... hat etwas zu sagen. ❑
4. ... kann mit Lampenfieber umgehen. ❑
5. ... kennt sein Publikum. ❑
5. ... wertschätzt sein Publikum. ❑
6. ... ist auf der Bühne „er selbst“. ❑
7. ... achtet auf seinen Körper. ❑
8. ... spricht flüssig. ❑
9. ... besitzt den Mut, Gefühle zu zeigen. ❑
10. ... lässt sich nicht so schnell aus der Ruhe bringen. ❑
11. ... macht Fehler – und dann einfach weiter. ❑
12. ... hat eine angenehme Stimme. ❑
13. ... pflegt seine Stimme. ❑
14. ... ist wach. ❑
15. ... zieht die Zuhörer in seinen Bann. ❑
16. ... hat Freude am Reden. ❑
17. ... verfügt über einen großen Wortschatz. ❑
18. ... ist gut vorbereitet. ❑
19. ... weiß, wann seine Rede zu Ende sein sollte. ❑
20. ... hat Humor. ❑
21. ... kann auch zuhören. ❑

Wer nicht redet, wird nicht gehört.

Wer nicht gehört wird, wird nicht wahrgenommen.

Wer nicht wahrgenommen wird, erhält keine Zustimmung.

Wer keine Zustimmung erhält, hat keinen Erfolg.

22. ... geht auf sein Publikum ein. ❑
23. ... kann spontan auf Unvorher gesehenes reagieren. ❑
24. ... ist strukturiert. ❑
25. ... klebt nicht an seinen Unterlagen. ❑
26. ... hat eine deutliche Aussprache. ❑
27. ... hat eine gute Körperhaltung. ❑
28. ... spricht auch mit den Händen. ❑
29. ... ist achtsam. ❑
30. ... wirkt lebendig. ❑
31. ... hat etwas, das die anderen nicht haben. ❑
32. ... hat Charisma. ❑
33. ... bleibt seinen Zuhörern in Erinnerung. ❑

Ein guter Redner redet, bewegt – und wirkt.

Sie sehen: Ein guter Redner muss nicht perfekt sein!

Sie dürfen sich also ruhig hin und wieder versprechen, kurz den Faden verlieren oder etwas vergessen. Sie dürfen Ihre Unterlagen fallen lassen, während der Präsentation ein Wasserglas umstoßen und rot anlaufen. Sie dürfen nervös sein und Fehler machen.

Nur eines dürfen Sie nicht: aalglatt sein und Ihre Zuhörer langweilen.

Übung:

Vielleicht haben Sie sich beim Durchlesen der Liste gedacht: „Hey, dies oder das mache ich ja schon!“

Nehmen Sie jetzt einen Stift oder einen Textmarker und unterstreichen oder markieren Sie die Punkte, die Sie bereits umsetzen. Ich bin mir sicher, Sie haben Eigenschaften eines guten Redners gefunden, über die Sie schon jetzt verfügen.

Das ist ein guter Anfang! Und am Rest können Sie arbeiten. Dieses Buch wird Sie dabei unterstützen.

Ich selbst habe während der letzten 15 Jahre unzählige Male auf der Bühne gestanden und vor Publikum gesprochen. Ob als Moderatorin oder als Vortragende.

Mittlerweile habe ich während eines Auftritts mich und die Situation gut im Griff.

Aber – das war nicht immer so!

Es ist noch kein Meister vom Himmel gefallen

Kennen Sie das? Sie probieren etwas aus, es funktioniert nicht gleich so, wie Sie sich das vorgestellt und erhofft haben – und Sie lassen es wieder sein.
Allzu oft machen wir Dinge nicht, weil wir sie nicht von Beginn an perfekt beherrschen. Weil wir Anfänger sind (und uns auch so fühlen!) und nicht von Anfang an Meister.

Doch wir kommen nun mal nicht als kleine Alleskönner auf die Welt. Nicht als begnadete Pianisten, nicht als Hochleistungssportler und nicht als professionelle Redner. Diese Tatsache zu erkennen und zu akzeptieren, ist schon der 1. Schritt zum Erfolg.
Denn – und das ist die gute Nachricht! – wir können anfangen zu lernen, worin wir später einmal richtig gut sein wollen. Und zum Lernen gehört eben auch, dass wir eine Sache einmal gründlich verhauen und Fehler machen. Dass wir hinfallen, ist am Ende nicht das Thema. Entscheidend ist, ob wir wieder aufstehen und wie wir uns weiterentwickeln!

Ich glaube, ich habe auf einer Bühne bereits jeden Fehler gemacht, den man nur machen kann.
Einer der ersten Auftritte meiner Karriere im richtig großen Rahmen war vor fast schon einem Jahrzehnt bei einer Veranstaltung, bei der jedes Jahr die besten Hörfunk-Werbespots ausgezeichnet werden. Hunderte Menschen aus der Werbe- und Medienbranche tummeln sich jedes Mal dort, und ich hatte in jenem Jahr die große Ehre, gemeinsam mit zwei Kollegen die Preise überreichen zu dürfen und vorher eine kurze Laudatio zu halten. Ich war furchtbar aufgeregt und habe schon Wochen zuvor überlegt: Was ziehe ich an? Wie mache ich mir die Haare? Was werde ich sagen?
Endlich war mein großer Auftritt gekommen. Ich habe meinen gesamten Mut zusammengenommen, bin in meinem wunderschönen weinroten Kleid und mit glatt geföhnten Haaren auf die Bühne gestiefelt, hatte die passenden Worte parat und mein schönstes Lächeln aufgesetzt – wovon nur leider niemand etwas sehen konnte, denn ich habe mir während meiner gesamten Rede die Moderatorenkarten vors Gesicht gehalten.
Peinlich, oder?
Als mich ein Zuseher (dem ich heute noch dafür danke) nach dem Auftritt darauf hingewiesen hat, wäre ich vor lauter Scham am liebsten im Boden versunken.

Diese Geschichte ist nun schon ein paar Jährchen her und mittlerweile kann ich darüber lachen. Ich bin gefallen (für mein damaliges Gefühl sogar sehr tief!), aber: Ich habe mich wieder aufgerappelt und bin weitergegangen – und habe aus meinem Fehler gelernt. Seither achte ich bei jedem Auftritt ganz besonders darauf, Blickkontakt mit meinem Publikum zu halten und nicht zu sehr an meinen Moderationskarten zu hängen.

Reden zu lernen ist unglaublich spannend. Reden zu lernen heißt, sich selbst besser kennenzulernen. An sich zu arbeiten. Neue Wege zu gehen. Es heißt auch, sich Ängsten zu stellen, über Hürden zu springen, die eigenen Grenzen zu erweitern. Zu beobachten, wahrzunehmen und achtsam zu sein.
Reden zu lernen heißt, aktiv zu werden, zu handeln, sich zu bewegen. Sich auf ein Abenteuer einzulassen.
Seien Sie dabei aber nicht allzu streng mit sich und geben Sie sich Zeit. Sie werden sehen: bald stellen sich die ersten Erfolge ein.
Und Erfolg haben macht Spaß!

Übung:

Wenn Sie sich an Neues heranwagen und das Gefühl haben: „Das schaffe ich nie", dann hilft es, wenn Sie sich an etwas erinnern, das Sie in Ihrem Leben bereits von der Pike auf erfolgreich erlernt haben.

Ein Beispiel:
Ich hätte niemals gedacht, dass ich jemals einen Kopfstand zustande bringen würde. Auch in mir wohnt nämlich ein kleiner Angsthase, und ich mag es nicht so gern, wenn meine Füße nicht sicher und fest auf dem Boden stehen. Aber, oh Wunder: Nach zwei Jahren Yoga-Unterricht funktioniert's!
Oder: Auch schreiben mussten wir erst lernen. Und Auto fahren und Ski fahren. Das haben Sie alles ganz gut hingekriegt?
Nun – warum sollte es gerade beim REDEN nicht funktionieren?

Wir erlernen nichts von heute auf morgen. Aber mit viel Geduld und Schritt für Schritt können wir so manches schaffen. Wir müssen nur dranbleiben und dürfen nicht so schnell aufgeben.
Fangen Sie jetzt an, an sich zu arbeiten, und denken Sie in einem Jahr ganz bewusst an den heutigen Tag zurück. Es wird Ihnen auffallen, dass Sie große Fortschritte gemacht haben und Sie werden sehr stolz auf sich sein.
Diese kleine Gedankenübung hilft mir übrigens auch in Phasen, in denen ich das Gefühl habe, im Leben noch NICHTS geschafft, noch NICHTS geleistet zu haben.
Dann frage ich mich: Wo war ich vor einem Jahr, worüber habe ich mir zu diesem Zeitpunkt gerade den Kopf zerbrochen, woran habe ich gearbeitet? Was hat sich in der Zwischenzeit getan, welche Menschen sind mir begegnet, was habe ich gelernt, was erreicht, was ist alles passiert? – Und stelle fest, dass das dann doch eine ganze Menge war.
Sie können die Ereignisse, die in den letzten zwölf Monaten zu Ihrer Weiterentwicklung beigetragen haben, auch aufschreiben und den Zettel über Ihren Schreibtisch pinnen. Dann haben Sie Ihre Erfolge jederzeit klar vor Augen. Und somit auch Ihr Ziel.

Reden als Erfolgsfaktor

Wer nicht redet, wird nicht gehört.
Wer nicht gehört wird, wird nicht wahrgenommen.
Wer nicht wahrgenommen wird, erhält keine Zustimmung.
Wer keine Zustimmung erhält, hat keinen Erfolg.

Es kommt allerdings nicht nur darauf an, WAS wir sagen, sondern vor allem darauf, WIE wir es sagen.
Der US-amerikanische Ethnologe Professor Albert Mehrabian hat herausgefunden, dass wir während einer Rede instinktiv auf folgende Faktoren achten:

1. Optische Signale (also Auftreten, Körperhaltung und Körpersprache, Styling und Outfit): 55 %
2. Stimme (Stimmmelodie, Klang, Aussprache, Sprechrhythmus): 38 %
3. Sprachinhalt: 7 %

Lassen Sie diese Zahlen kurz auf sich wirken und überlegen Sie: Wenn Sie eine Rede oder eine Präsentation vorbereiten – woran arbeiten Sie am Intensivsten?
Genau. Am Inhalt.

Und die restlichen 93 %? „Wird schon irgendwie gehen ...?" Eben nicht.
Die 7 % Sprachinhalt erreichen den Zuhörer auf der Sachebene, optische Signale und Stimme auf der Beziehungsebene.
Daher ist die Voraussetzung dafür, dass der Zuhörer den Inhalt unserer Rede wahr- und annimmt, dass der erste Eindruck, den er von uns gewinnt, ein positiver ist.
Denn: Findet er uns und unser Auftreten stimmig, schreibt er uns automatisch Kompetenz zu. Dann ist er bereit, sich auf das, was wir sagen, einzulassen und wir haben die Chance, dass unsere Worte bei ihm Zustimmung finden.

Sie wissen: Wir benötigen Zustimmung, um wahrgenommen zu werden.
Werden wir wahrgenommen, werden wir gehört.
Und gehört werden können wir nur, wenn wir reden!

Am Anfang ist die Angst

Ihnen ist nun also durchaus klar, dass es, um Erfolg zu haben (im beruflichen wie im privaten Bereich), wichtig und sogar unerlässlich ist, dass Sie reden.

Nur: Vor einem Auftritt sterben Sie jedes Mal tausend Tode? Eine Bühne ist für Sie eine Art Schlachtbank? Eine Präsentation zu halten, die schlimmste Strafe, die man Ihnen antun kann? Sie fangen an zu schwitzen und zu zittern und hektische rote Flecken zieren plötzlich Ihren Hals? Sie bekommen keine Luft und Ihre Stimme droht jeden Moment den Geist aufzugeben? Sie können keinen klaren Gedanken mehr fassen und würden am liebsten die Beine in die Hand nehmen und ganz schnell weglaufen?

Dann sind Sie kein Versager oder ein Anti-Redetalent, sondern Sie leiden schlichtweg unter Redeangst.

Und Sie sind mit diesem Problem ganz und gar nicht allein.

Ich habe während meiner Tätigkeit als Trainerin und Coach unheimlich viele Frauen und Männer kennengelernt, die klug, interessant und gebildet sind und jede Menge zu sagen hätten. Nur: Sie tun es nicht. Geht es darum, eine Präsentation zu halten, schicken sie die Kollegen vor. Oft noch mit der edlen Begründung: „Ich muss nicht selbst im Rampenlicht stehen, ich arbeite lieber zu." Das ist schade! Etwas zu können und zu wissen ist gut und schön. Zu zeigen, dass Sie nicht auf den Kopf gefallen sind und der Welt ganz schön was zu bieten haben, ist entschieden besser. Von falscher Bescheidenheit hat keiner was: nicht die Welt und schon gar nicht Sie!

Eine Umfrage hat ergeben, dass Redepanik den dritten Platz im „Wovor ich Angst habe"-Ranking einnimmt.

Nur bestimmte Tierchen wie Spinnen, Schlangen und Insekten finden wir noch schlimmer als eine Situation, in der wir öffentlich reden müssen.

Männer fürchten sich vor Redeauftritten noch mehr als Frauen. Auf die Frage: „Erleben Sie persönlich immer wiederkehrende Ängste oder gar Panikattacken im Zusammenhang mit immer gleichen Situationen?" haben Männer am häufigsten die Angst vor öffentlichen Reden genannt.

Folgende Redeängste sind mir aufgefallen:

- Angst, zu versagen.
- Angst, dass das Publikum nicht zuhört.
- Angst, sich zu blamieren.
- Angst, hohen Ansprüchen nicht gerecht zu werden.
- Angst, Erwartungen nicht erfüllen zu können.
- Angst vor dem Urteil der Zuhörer.
- Angst, ausgelacht zu werden.
- Angst, plötzlich nicht mehr zu wissen, was man sagen soll.
- Angst, dass irgendetwas Unvorhergesehenes passiert.
- Angst, die Kontrolle über den eigenen Körper zu verlieren.
- Angst, dass die Stimme wegbleibt.
- Angst, keine Luft mehr zu bekommen.
- Angst vor den Blicken der Zuhörer.
- Angst vor kritischen Fragen.
- Angst davor, plötzlich auf die Toilette zu müssen.
- Angst, sich plötzlich in den eigenen Unterlagen nicht mehr zurechtzufinden.
- Angst davor, Wörter falsch auszusprechen.
- Angst davor, dass die Technik versagt.
- Angst davor, dass der ganze Auftritt aus den Fugen gerät.

Kommt Ihnen der eine oder andere Angstgrund bekannt vor?
Es ist wichtig, dass Sie Ihre Angst genau definieren und sich ihr stellen.
Wir wollen uns die „Schreckgespenster" einmal ein wenig näher ansehen.
Ich habe zu diesem Zweck unsere „Angst-Liste" in drei „Angstgrund-Gruppen" geteilt:

1. Angstgrund: das eigene Versagen

Dazu gehört beispielsweise die Angst, dass Ihnen Stimme und/oder Luft wegbleiben und dass Ihr Körper plötzlich tut, was er will (zittern, stolpern, schwitzen, Hustenanfall). Oder auch die Angst davor, dass Sie den Überblick über Ihre Rede und Ihre Unterlagen verlieren, nicht mehr weiterwissen, sich verhaspeln, Wörter falsch aussprechen und dass Sie letztendlich den hohen Ansprüchen nicht gerecht werden. Ich meine damit die hohen Ansprüche, die Sie selbst an sich stellen. Meistens sind wir selbst nämlich viel strenger mit uns, als es das strengste Publikum jemals sein könnte.

Die Angst davor, zu versagen, war auch immer meine Top-Redeangst. Bis ich eine Strategie dagegen entwickelt habe. Sehr einfach und sehr effektiv.

Übung:

Stellen Sie sich vor Ihrem nächsten Auftritt die Frage: „Was ist das Aller-, Aller-, Allerschlimmste, das auf der Bühne/während der Präsentation passieren kann?“

Es KANN sein, dass Ihnen die Unterlagen runterfallen.

Es KANN sein, dass Sie kurz nicht mehr weiterwissen.

Es KANN sein, dass das Publikum lacht.

Eines steht jedoch fest: Sie werden das alles vermutlich überleben!
Und gegen jeden Fehler können SIE etwas unternehmen!
Sie haben bei Ihrem Auftritt, bei Ihrer Präsentation die Zügel in der Hand und bestimmen die Richtung.
Fallen Ihnen die Unterlagen aus der Hand, heben Sie sie wieder auf.
Verlieren Sie den Faden, sprechen Sie es an. Jeder Einzelne im Publikum hätte in Ihrer Situation ebenso Angst davor, nicht mehr weiterzuwissen – sie stoßen daher mit Sicherheit auf Verständnis.
Und wenn das Publikum lacht, bedeutet das noch lange nicht, dass es Sie auslacht. Ganz im Gegenteil: Zuhörer sind meist dankbar dafür, wenn irgendetwas Unvorhergesehenes geschieht. Endlich gibt's was zu sehen, endlich passiert was, endlich kommt Schwung in die Bude! Kleine Ausrutscher tragen oft dazu bei, dass ein Publikum, das gerade eben noch friedlich vor sich hingeschlummert hat und in einen netten Tagtraum entschwunden war, gedanklich wieder voll und ganz bei Ihnen und Ihren Ausführungen ist.
Das Schöne an Ängsten, die mit unserem eigenen Tun zusammenhängen, ist, dass wir es in der Hand haben, etwas zu verändern. Wir können an uns arbeiten und uns gewisse Fertigkeiten aneignen.

Rührt Ihre Redeangst beispielsweise daher, dass Sie Ihre Stimme nicht mögen und nicht wissen, ob Ihre Art zu sprechen „gut genug“ ist, um sie der Öffentlichkeit zu präsentieren, nehmen Sie Sprechunterricht!
Achten Sie auch auf Ihre Atmung und Körperhaltung. Je genauer Sie sich kennen und spüren, desto weniger müssen Sie die Reaktionen Ihres Körpers fürchten. Sogar das Gegenteil ist der Fall! Niemand kann Sie in stres-

sigen und schwierigen Situationen so gut unterstützen wie Ihr eigener Körper.
Die Kapitel „‚Stimme' von A–Z" und „Die Sache mit dem Lampenfieber" helfen Ihnen dabei, diese Art der Versagensangst näher zu beleuchten, und bieten zahlreiche Übungen, mit deren Hilfe Sie gleich loslegen können, Ihre Monster zu besiegen!

2. Angstgrund: das Publikum

In diese Gruppe fällt alles, was mit dem Publikum oder den Reaktionen des Publikums auf Sie zusammenhängt: kritische Fragen, irritierende Blicke, ausgelacht oder ignoriert zu werden, ein vernichtendes Urteil zu bekommen.

Die schlechte Nachricht: Ja! Das Publikum kann gnadenlos sein! Die gute: Wie sich das Publikum verhält, liegt an Ihnen! Sie können also einiges unternehmen, um Ihre Zuhörer von Anfang an auf Ihrer Seite zu haben. Auf diese „Tricks" komme ich im Laufe des Buches immer wieder zurück; zum Beispiel in den Kapiteln „Der erste Eindruck" (Seite 81) oder „Wer ist mein Publikum?" (Seite 128). Aber auch durch Ihre Atmung, Ihre Sprechweise und Ihre Körpersprache können Sie bewirken, dass Sie beim Publikum ankommen und Anklang finden.

Ganz wichtig: Egal, wie ausgefeilt Ihre Redetechnik ist, wie perfekt Sie auf der Bühne agieren oder wie spannend der Inhalt Ihrer Rede sein mag, es wird immer Menschen geben, die Sie nicht mögen und nicht Ihrer Meinung sind.
Mir hat es lange Zeit sehr wehgetan, wenn ich bemerkt habe, dass jemand mich oder meine Arbeit nicht schätzt. Ich war nach negativen Rückmeldungen oft tagelang am Boden zerstört, habe stark an mir gezweifelt und hätte mich am liebsten irgendwo verkrochen.
Jedem gefallen zu wollen, ist ziemlich anstrengend und lähmend – und umsonst. 100 %ige Zustimmung werden wir nie erhalten, und das ist zum Glück auch nicht notwendig.

3. Angstgrund: das Unvorhergesehene

Ja, unvorhergesehene Ereignisse stellen eine Herausforderung dar. Ein Komplettausfall der Technik zum Beispiel. Ein Gesprächspartner, der sich nicht an vorher getroffene Abmachungen hält, oder ein Zuhörer, der in Ohnmacht fällt.

Diese Angstgruppe ist für viele die bedrohlichste. Auf den ersten Blick betrachtet völlig zu Recht – sind die Ereignisse, die unter diesen Punkt fallen, doch die einzigen, die nicht in Ihrer Macht liegen. Aber stopp! Keine Panik! Das heißt noch lange nicht, dass Sie dem Lauf der Dinge ausgeliefert sind und nichts tun können. Das können Sie nämlich sehr wohl:
Sie können REAGIEREN!

Ein Trick: Sprechen Sie Störfaktoren und nicht geplante Ereignisse immer an! Egal, ob jemand im Saal umkippt, die halbe Bühnenbeleuchtung ausfällt oder Ihr Bühnenpartner Nonsens redet. Gehen Sie nicht einfach darüber hinweg, als wäre nichts gewesen. Stecken Sie den Kopf nicht in den Sand. Reagieren Sie auf die Störung und machen Sie dann mit Ihrer Präsentation weiter. Aber wirklich erst dann, wenn sich das Publikum wieder beruhigt hat. Vorher wird Ihnen ohnehin keiner zuhören.

Auch gegen die Angst vor Unvorhergesehenem empfehle ich Ihnen, an Ihren Sprechwerkzeugen zu arbeiten. Wie gesagt: Je besser Sie auf Ihre eigenen körperlichen Ressourcen zurückreifen können, je besser Sie funktionieren, desto flexibler und gelassener sind Sie, wenn irgendwas passiert, das SO nicht geplant war.
Zusätzlich verleihen Ihnen gute und übersichtlich gestaltete Unterlagen während Ihres Auftritts Sicherheit.

Außerdem gilt: Je konkreter wir im Vorfeld einen „eigenen Zugang“ zu unserer Präsentation gefunden haben und über Fakten und Botschaften sprechen, die uns wirklich am Herzen liegen, desto rascher finden wir nach einer kleinen Störung und dem daraus resultierenden Exkurs wieder zu unserem Thema zurück. Wie Sie einen Vortrag zu Ihrem Vortrag machen, können Sie im dritten Teil: „Wirken“ nachlesen.

Glaubenssätze

Bevor Sie damit beginnen, Ihre Ängste zu überwinden, lassen Sie uns doch kurz der Frage nachgehen, woher diese überhaupt kommen!
Unsere Ängste haben in den seltensten Fällen damit zu tun, dass wir etwas nicht können.

Ich hatte beispielsweise jahrelang eine Riesenangst davor, ein Auto zu lenken. Dafür hätte es – logisch betrachtet – überhaupt keinen Grund gegeben. Ich habe mich in der Fahrschule ganz gut geschlagen und die Prüfung ohne Schwierigkeiten bestanden. Es war also alles wunderbar – bis zur ersten Probefahrt mit meinem Vater.
Ich: der noch ein wenig unsichere Führerscheinneuling am Steuer. Er: der superängstliche Beifahrer. Leider ist mein Vater nicht so gut darin, in Momenten der Aufregung den Lockeren zu mimen. Kurz: Gerät er in Panik, zeigt er das ganz deutlich. Und so sah ich in seinen Augen pure Angst. Sein Gemütszustand brachte den Beifahrersitz beinahe zum Vibrieren.
Sie haben es wahrscheinlich schon geahnt: Die Fahrt war eine Katastrophe. Heute noch verspannt sich mein Nacken, wenn ich daran denke. Bei

jeder Mini-Unachtsamkeit meinerseits zuckte er zusammen, bei jedem Fehler schrie er auf. Ich wurde immer nervöser, er geriet immer mehr in Panik. Je mehr er in Panik geriet, desto nervöser wurde ich – und so weiter.
Nach einer Stunde stiegen wir aus dem Auto. Wir waren beide in jeder Hinsicht vollkommen am Ende: physisch und psychisch. Er hat in diesen langen (und für ihn bangen) Minuten wahrscheinlich den letzten Glauben an mich verloren – und mir ging es genauso. Ich fühlte mich wie der allergrößte Versager. Ich war mit meinen Nerven am Ende – und reich an neuen Erkenntnissen:

- Ich kann ja überhaupt nichts, nicht einmal Auto fahren.
- Ich bin ein Feigling.
- Ich bin ungeschickt.

Daraufhin bin ich vier Jahre lang nicht mehr Auto gefahren. Ich bin meinen Glaubenssätzen also ganz schön in die Falle gegangen. „Glaubenssätze“ nennen Psychologen Meinungen von Menschen über sich selbst.
Das in gleichem Maße Gute wie Fatale an diesen Sätzen: Sie gehen in Erfüllung, soll heißen: Wenn wir uns versichern, dass etwas funktionieren wird, wird es tatsächlich gut laufen. Reden wir uns aber ein, dass wir etwas „sowieso“ nicht können, werden wir auch scheitern. Man nennt diesen automatischen Vorgang „selffulfilling prophecies“, also „sich selbst erfüllende Prophezeiungen“.

Glaubenssätze helfen oder hemmen uns in den unterschiedlichsten Lebenslagen. Und spielen eben auch beim Reden eine große Rolle.
Habe ich irgendwann einmal – und aus welchem Grund auch immer – begonnen, von mir zu denken, dass ich nicht gut reden kann, werde ich bei meiner nächsten Präsentation höchstwahrscheinlich nicht gerade vor Selbstvertrauen strotzen. Ich werde mich unsicher und farblos fühlen und auch genauso wirken.

Eine kleine Übung:

Stehen Sie mal kurz auf, stellen Sie sich hin und denken Sie sich dabei: „Ich kann nicht reden. Ich sehe aus wie ein Niemand und was ich sage, interessiert sowieso keinen. Die Präsentation wird bestimmt wieder eine Katastrophe!“

Beobachten Sie, während diese Sätze durch Ihr Gehirn geistern, Ihren Gesichtsausdruck und Ihre Körperhaltung.

Bei mir passiert dabei Folgendes:

- Mein Gewicht verlagert sich auf nur ein Bein.
- Meine Hüften knicken ein.
- Ich lasse die Schultern hängen.
- Mein Brustkorb fällt zusammen.
- Der Kopf sinkt herab.
- Meine Mundwinkel zeigen nach unten.
- Ich bekomme ein flaues Gefühl in der Magengegend.
- Ich balle meine Hände zu Fäusten.
- Ich komme mir armselig vor und fühle mich schlecht.

Wahrscheinlich beobachten Sie bei sich ähnliche Reaktionen.

Ich will aber nicht, dass Sie in dieser unangenehmen Stimmung verharren, daher bitte ich Sie, nun einen anderen, gegenteiligen Gedanken zu fassen:
„Ich spreche gern vor Menschen und habe meine Stimme gut im Griff. Ich habe etwas zu sagen und weiß, wie ich meine Botschaften gut rüberbringe. Ich bin gut vorbereitet und bin mir sicher, dass mein Vortrag beim Publikum ankommen wird."

Während dieser Gedanken ...

- verteilt sich mein Gewicht gleichmäßig auf beide Beine,
- straffen sich die Schultern,
- stehe ich aufrecht,
- hebt sich mein Kopf,
- wird mein Blick schärfer und geht in die Ferne,
- lächle ich,
- atme in tief in den Bauch,
- sind meine Hände entspannt,
- fühle ich mich sicher und frei und bin optimistisch.

Faustregel: Der Körper reagiert auf unsere Gedanken – unsere Gedanken sind eine Folge unserer Körperhaltung. Ihr Körper kann Sie also dabei unterstützen, negative Glaubenssätze in positive umzuwandeln.
Verändern Sie Ihre Körperhaltung, ändern sich auch die Gedanken.

Übung:

Sie brauchen dafür nur ein Blatt Papier und einen Stift sowie etwas Zeit und einen ruhigen Ort.

Stellen Sie sich folgende Fragen: Welche negativen Glaubenssätze machen mir das Leben schwer? Welche Botschaften sende ich an mich?

Diese Sätze können beginnen mit:

„Ich kann nicht ...!“
„Ich habe nicht ...!“
„Ich bin nicht ...!“
Zum Beispiel:
„Ich kann nicht reden!“
„Ich habe nicht genug Ausstrahlung, um auf einer Bühne zu stehen!“
„Ich bin nicht klug genug!“

Jetzt verwandeln Sie diese negativen Sätze bitte in positive:

„Ich kann nicht reden!“	>	*„Ich kann reden!“*
„Ich habe nicht genug Ausstrahlung, um auf einer Bühne zu stehen!“	>	*„Ich besitze Ausstrahlung!“*
„Ich bin nicht klug genug!“	>	*„Ich bin klug.“*

Sprechen Sie sich Ihre „neuen“, positiven Glaubenssätze immer wieder laut vor.
Begeben Sie sich dabei in die „positive“ und aufrechte (siehe oben!) Körperhaltung.
Horchen Sie in Ihren Körper hinein und fühlen Sie, was sich verändert.

Der Sprung über den eigenen Schatten

Ich möchte Ihnen zu Beginn dieses Kapitels die Komfortzone, die Risikozone und die Panikzone vorstellen.

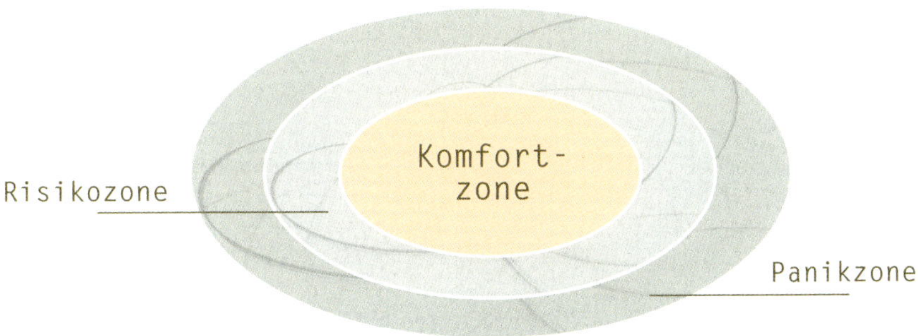

Die Komfortzone ist jener Bereich, in dem wir uns wohlfühlen und entspannen, in dem alles in gewohnten Bahnen läuft. Verrichten wir alltägliche Dinge, denen wir ohne groß darüber nachzudenken und ohne Herzklopfen nachgehen, und Aufgaben, die wir schon gut können, befinden wir uns in der Komfortzone.

Gehen wir an neue Aufgaben und Aktivitäten heran, begeben wir uns in die Risikozone. Diese Zone ist die Zone der Herausforderungen. Hier lernen wir dazu und entwickeln uns weiter.
In der Panikzone geht es nicht um Weiterentwicklung – hier kämpfen wir ums nackte Überleben. Sich allzu oft in der Panikzone zu befinden, macht krank und ist auch dem inneren Frieden nicht zuträglich.
Wer sich dazu entschließt, sich seinen (Rede-)Ängsten zu stellen, wagt den Sprung von seiner Komfort- in die Risikozone. Das erfordert Mut!
Manchmal aber ist unser mutiger Teil unauffindbar. Ich werde jedes Mal richtig wütend, wenn ich in Phasen meiner eigenen Mutlosigkeit Sätze höre wie: „Na komm, stell dich nicht so an. Das ist ja jetzt wirklich nicht so schwierig, das geht schon! Davor musst du dich nicht fürchten!" Wenn ich Angst habe, möchte ich bitte sehr Angst haben dürfen! Jede Angst hat Ihre Berechtigung und darf sein.
Wir haben vor etwas Angst und fühlen uns als Opfer. Als Opfer der Angst an sich, als Opfer desjenigen, der uns mit der Furcht einflößenden Präsentation beauftragt hat, als Opfer des Publikums, von dem wir annehmen, dass es uns kritisch beäugen wird.
In der Opferrolle zu sein, ist das Schlechteste, das Sie für sich und Ihren Selbstwert tun können. Verlassen Sie daher diese Rolle!
„Würde ich ja gerne, aber wie soll das gehen?", fragen Sie sich. Es geht! Und zwar indem Sie nicht einfach über Ihre Ängste hinweggehen und so tun, als ob nichts wäre! Spielen Sie nicht die Mutige oder den Mutigen, obwohl Ihnen ganz bange ums Herz ist, sondern stehen Sie zu Ihrer Angst und sehen sie sich ganz genau an!

Diese drei Fragen helfen Ihnen dabei, sich Ihrer Angst zuzuwenden:

1. „Was genau macht mir Angst?"
2. „Warum habe ich Angst vor ...?"
3. „Was unternehme ich gegen diese Angst?"

Und nun beantworten Sie die drei Fragen.

Zum Beispiel:
1. „Ich habe Angst vor Auftritten."
2. „Meine Stimme ist so leise und kippt manchmal und ich habe immer das Gefühl, dass mir keiner zuhört und dass sich alle fragen, was jemand wie ich überhaupt auf einer Bühne verloren hat."

3. „Ich suche mir einen Sprechtrainer, mit dem ich an meiner Sprechweise und an meiner Stimme arbeite."

In dem Moment, in dem Sie diese drei Sätze von sich geben, passiert Folgendes:

Sie geben zu, dass Sie Angst haben.
Sie hinterfragen Ihre Angst.
Sie entwickeln einen Plan.

Um etwas zu verändern, brauchen wir einen konkreten Plan, wie wir unser Ziel erreichen wollen. Sobald Sie einen Plan haben, sind Sie kein Opfer mehr. Sie sind aktiv geworden und handeln!

Und hier ist mein ultimativer „Ich verlasse die Opferrolle und stelle mich"-Satz! ***„Ich entscheide mich!"***
Ersetzen Sie in Zukunft jedes „ich muss" durch „ich entscheide mich!"

Wenn Sie sich bewusst für etwas entscheiden, dann haben Sie es in der Hand! Sie bestimmen, wann etwas beginnt und wann es wieder aufhört!

Sie bestimmen, was Sie sagen!
Sie bestimmen, wie Sie es sagen!
Sie bestimmen, was während Ihrer Präsentation passiert!
Sie bestimmen, ob und wie Sie auf Unvorhergesehenes reagieren!
Sie bestimmen, ob Sie schon bereit sind für den Sprung über Ihren Schatten!

Und wenn es so weit ist: Springen Sie!

Übung:

Machen Sie gleich einen Plan, wie Ihre „Unternehmung gegen die Angst" ablaufen soll.

Zum Beispiel:

Schritt 1: *Ich suche im Internet nach einem Sprechtrainer, der in der Gegend, in der ich wohne, unterrichtet.*

Schritt 2: *Ich rufe ihn morgen an. (Wichtig: Legen Sie gleich den genauen Tag Ihres Auftritts fest!)*

Schritt 3: *Ich vereinbare eine Probestunde.*
Bis wann soll mein Ziel (die Probestunden) erreicht sein?
Bis spätestens Ende Mai.

So, und jetzt sind Sie dran!

Hier können Sie Ihre Schritte gegen die Angst notieren:

Schritt 1:

Schritt 2:

Schritt 3:

Schritt 4:

Schritt 5:

Bis wann soll mein Ziel ( ) erreicht sein?

Bis ....

Warum Sie es wert sind, gehört zu werden

Wie wollen Sie auf Ihre Zuhörer wirken?
Kompetent, selbstbewusst und sympathisch oder schlecht vorbereitet, unsicher und langweilig?
Die Frage war natürlich rein theoretischer Natur. Klarerweise wollen wir, dass unser Publikum von uns angetan ist! Wir wollen Anerkennung, Zustimmung und ein dickes, fettes Lob!
Der Haken: Sie können nur so wirken, wie sie sich fühlen.
Es kann nur sichtbar werden und nach außen strahlen, was in uns ist.

Spielen Sie also den gut gelaunten, locker-flockigen Redner, obwohl Sie sich innerlich für sich schämen, merken Ihre Zuhörer das sofort. Sie können das, was ihnen seltsam vorkommt, wahrscheinlich nicht benennen, aber sie spüren: Irgendwas stimmt da nicht!
Um stark und sicher aufzutreten, müssen wir uns stark und sicher fühlen!
Bevor Sie vor ein Publikum treten, müssen Sie wissen: Was sind meine Stärken?
Und: Sie müssen an Ihre Stärken glauben! Wenn Sie selbst nicht an Ihre Stärken glauben, wie soll es dann das Publikum?

Den meisten Menschen fällt es viel leichter, ihre Schwächen aufzuzählen.
Bitte ich meine Seminarteilnehmer, ihre Schwächen auf kleine Kärtchen zu schreiben, fliegen die Stifte entschlossen übers Papier. Vielen gehen sogar die Kärtchen aus, so viele Schwächen fallen ihnen ein.
Geht es aber darum, die eigenen Stärken zu benennen, sitzen die meisten lange vor ihrem leeren Blatt und sehen ins Leere, bis ihnen letztendlich zwei oder drei positive Eigenschaften einfallen.

Was sind Ihre Stärken? – Lassen Sie sich inspirieren:

- ❑ achtsam
- ❑ aktiv
- ❑ gute Allgemeinbildung
- ❑ Allrounder
- ❑ analytisch
- ❑ anpassungsfähig
- ❑ auffassungsbereit
- ❑ gute Auffassungsgabe
- ❑ aufgeschlossen
- ❑ aufmerksam

- ❏ sicheres Auftreten
- ❏ ausdauernd
- ❏ ausgeglichen

- ❏ begeisterungsfähig
- ❏ beharrlich
- ❏ belastbar
- ❏ gute Beobachtungsgabe
- ❏ besonnen
- ❏ beständig

- ❏ starker Charakter
- ❏ charismatisch

- ❏ kann delegieren
- ❏ diplomatisches Geschick
- ❏ direkt
- ❏ diszipliniert
- ❏ durchsetzungsfähig

- ❏ ehrgeizig
- ❏ ehrlich
- ❏ eigeninitiativ
- ❏ hohe Eigenmotivation
- ❏ eigenständig
- ❏ einfühlsam
- ❏ einsatzbereit
- ❏ emotionale Intelligenz
- ❏ empathisch
- ❏ energisch
- ❏ engagiert
- ❏ entscheidungsstark
- ❏ entschlossen
- ❏ entwickle mich weiter
- ❏ erfahren
- ❏ kann gut erklären

- ❏ fantasiebegabt
- ❏ flexibel
- ❏ fleißig
- ❏ freundlich
- ❏ fröhlich
- ❏ hohe Frustrationstoleranz
- ❏ kann Menschen führen
- ❏ furchtlos

- ❏ geduldig
- ❏ gelassen
- ❏ Generalist
- ❏ gepflegt
- ❏ gerecht
- ❏ ausdrucksstarkes Gesicht
- ❏ gewissenhaft
- ❏ glaubwürdig
- ❏ kann anderen etwas gönnen
- ❏ kann Grenzen erkennen
- ❏ kann Grenzen setzen
- ❏ großzügig

- ❏ habe eine Haltung
- ❏ handlungsbereit
- ❏ hilfsbereit
- ❏ humorvoll

- ❏ idealistisch
- ❏ voller Ideen
- ❏ kann Impulse geben
- ❏ innovativ
- ❏ interessiert
- ❏ intuitiv

- ❏ klar
- ❏ klug
- ❏ kommunikativ
- ❏ konfliktfähig

- ❑ kontaktfreudig
- ❑ konzentriert
- ❑ kreativ
- ❑ kritikfähig

- ❑ ansteckendes Lachen
- ❑ kann über mich selbst lachen
- ❑ lebendig
- ❑ leistungsorientiert
- ❑ lernbereit
- ❑ liebenswürdig
- ❑ logisch denkend
- ❑ lösungsorientiert
- ❑ loyal

- ❑ habe eine eigene Meinung
- ❑ bin mitreißend
- ❑ kann andere motivieren
- ❑ multitaskingfähig
- ❑ musikalisch
- ❑ mutig

- ❑ neugierig

- ❑ objektiv
- ❑ offen
- ❑ organisiert

- ❑ plane gerne und gut
- ❑ denke positiv
- ❑ professionell
- ❑ pünktlich

- ❑ kann gut reden
- ❑ bin mit mir im Reinen
- ❑ risikobereit

- ❑ sachlich
- ❑ habe etwas zu sagen
- ❑ schnell
- ❑ schöne Stimme
- ❑ selbstbewusst
- ❑ selbstkritisch (in einem guten Maße)
- ❑ selbstständig
- ❑ sensibel
- ❑ sorgfältig
- ❑ hohe Sozialkompetenz
- ❑ spontan
- ❑ sportlich
- ❑ sprachbegabt
- ❑ spreche mehrere Sprachen

- ❑ tatkräftig
- ❑ teamfähig
- ❑ technisch begabt

- ❑ unkompliziert

- ❑ verantwortungsbewusst
- ❑ kann mich gut auf Veränderungen einstellen
- ❑ kann gut verhandeln
- ❑ vertrauenswürdig

- ❑ wach
- ❑ Weitblick
- ❑ wertschätzend

- ❑ zielstrebig
- ❑ kann gut zuhören
- ❑ kann gut Zusammenhänge erkennen
- ❑ zuverlässig

Übung:

Und nun machen Sie Ihre persönliche Stärken-Liste:

Meine Top-3-Stärken:

1.

2.

3.

10 weitere positive Eigenschaften:

Dafür habe ich in der letzten Zeit positives Feedback erhalten:

Darum bin ich es wert, dass mir die Menschen zuhören:

Das Zauberwort „Authentizität“

Menschen sind verschieden, Redner auch.
Was für X ganz selbstverständlich ist, kostet Y Überwindung.
Wenn X seine Grenzen erreicht hat, fängt für Y der Spaß erst richtig an.
Details, auf die X besonders achtet, sind für Y nicht so entscheidend.
Um ein guter Redner zu sein, müssen Sie wissen, wer Sie sind.

Kennen Sie Ihre Eigenschaften, können Sie Ihren eigenen Stil entwickeln. Ohne einen eigenen Stil werden Sie Ihrem Publikum niemals in Erinnerung bleiben. Sind Sie dagegen authentisch, handeln Sie echt und unverfälscht, machen Sie sich unverwechselbar und sind souverän.
Wer nur damit beschäftigt ist, „wirken“ zu wollen, tappt in eine Falle. In dem Moment, in dem Sie sich nur noch überlegen, wie Sie am besten die gewünschte Wirkung erzielen, achten Sie nicht mehr auf Ihr Tun. Jemand, der zum Beispiel besonders wichtig wirken möchte, macht sich lächerlich. Der schöne Schein wird vom Publikum immer entlarvt. Was zählt, ist das „Sein“. Sie erinnern sich an den Satz im vorigen Kapitel: „Es kann nur sichtbar werden und nach außen strahlen, was in uns ist.“

Das Wort „Authentizität“ kommt aus dem Griechischen und bedeutet „Echtheit“, im Sinne von „als Original befunden“.

- Ein authentischer Mensch lässt sich in seinem Handeln nicht durch äußere Einflüsse bestimmen, sondern folgt sich selbst.
- Ein authentischer Redner ist selbstbewusst. Er ist sich „seiner selbst bewusst“. Er kennt seine Stärken und Schwächen. Er achtet darauf, dass seine Bedürfnisse gestillt und seine persönlichen Grenzen nicht überschritten werden, und er weiß um seine Einzigartigkeit Bescheid. Er wirkt echt und ungekünstelt.

Es ist gefährlich, sich Vorbilder zu suchen und diese zu imitieren. Was bei Ihrem Vorbild stimmig wirkt, passt womöglich überhaupt nicht zu Ihnen. Kennen Sie das: Sie beobachten einen Redner und sind die ganze Zeit irgendwie irritiert oder gar peinlich berührt? Er oder sie macht alles richtig und trotzdem können Sie nicht entspannt zuhören. Der Grund dafür liegt oft darin, dass Redner sich Techniken, wie zum Beispiel Gesten oder eine bestimmte Art zu sprechen, antrainieren, die sehr stark von ihrer natürlichen Art abweichen.

Auch bei der Wahl des Outfits und der Unterlagen spielt es eine Rolle, welcher Redetyp Sie sind. Der eine hat statt ausformulierter Texte lieber Stichwörter, weil er gern und oft mit Sprachbildern arbeitet, der andere benötigt umfangreichere Notizen, weil ihm Fakten besonders wichtig sind.
Auch die Art, wie Redner an die Vorbereitung eines Vortrages herangehen, ist von Typ zu Typ verschieden. Typ A setzt sich vor seinen Computer und schreibt die Rede vom Anfang bis zum Ende. Typ B hat immer ein Notizbuch und einen Stift dabei und „fängt“ die Gedanken ein, die ihm während des (All-)Tages zufliegen, und strukturiert diese erst später. Typ C arbeitet wieder anders ...
Gehen Sie daher weg vom „Aber das macht MAN doch so“-Denken. „Man“ gibt es nicht. Es gibt nur Sie!
Laufen Sie nicht einem Idealtyp hinterher, versuchen Sie niemals Techniken anzuwenden, nur weil sie bei einem anderen so gut funktionieren. Finden Sie heraus, welcher Redetyp Sie sind, und unterstreichen Sie Ihren Typ. Seien Sie authentisch: Denn so, wie Sie sind, sind nur Sie!

Welcher Redetyp sind Sie?

Um Ihnen eine kleine Anleitung zu geben, Ihren Typ zu finden, habe ich die folgenden fünf Redetypen skizziert. (Anmerkung: Die meisten Menschen sind Mischtypen; Sie werden sich also höchstwahrscheinlich in mehreren Typen wiederfinden, wobei vermutlich ein Typ überwiegen wird.)

1. Der Dominante

- will die Zuhörer von seiner Meinung unbedingt überzeugen
- erwartet von den Zuhörern Zustimmung, Beifall und Respekt
- überlässt lästige Kleinarbeit (Folien gestalten, Unterlagen vorbereiten ...) lieber anderen
- liebt große Gesten
- verfügt über eine kontrollierte Gestik
- hat eine betont aufrechte Haltung
- macht große Schritte
- spricht mit lauter Stimme
- hat eine lineare Sprachmelodie

- spricht gern vor sehr großem Publikum – je größer das Publikum, desto besser
- wirkt manchmal arrogant
- steht gerne im Mittelpunkt
- stellt sich gern selbst dar
- setzt Körpersprache bewusst ein
- steht „über" dem Publikum
- spricht nicht „mit", sondern „zu" den Zuhörern
- achtet sehr auf ein gepflegtes Äußeres
- misst dem äußeren Erscheinungsbild eine große Bedeutung bei
- Statussymbole sind ihm wichtig
- legt Wert auf perfektes Styling
- braucht eine große Bühne
- übernimmt gerne Verantwortung
- lässt sich nicht gerne führen
- sieht sich als Regisseur seines Auftritts
- agiert stimmungsunabhängig
- „funktioniert" immer
- kann gut mit Lampenfieber umgehen
- macht einen sehr kompetenten Eindruck
- Zwischentöne sind ich nicht so wichtig – er ist Meister der klaren Aussage und der großen Botschaften
- hat Fakten lieber als Geschichten
- kommt ohne Umschweife zum Ziel
- verwendet ausschließlich Medien, die am neuesten Stand der Technik sind;
- wahrt Distanz zum Publikum
- Motto: Klotzen statt kleckern!

2. Der Lebendige

- will beim Zuhörer Spuren hinterlassen, das Publikum fesseln und in seinen Bann ziehen
- erwartet Anerkennung und Bewunderung
- spricht eine bildhafte Sprache
- spricht stark mit dem Körper
- hat eher unkontrollierte Gesten
- tänzelt über die Bühne

- nimmt auf der Bühne viel Platz ein
- spricht sehr melodisch
- variiert in der Lautstärke
- neigt zum „Fuchteln“
- verfügt über eine abwechslungsreiche Gestik: verwendet mal große, ausholende Gesten, dann wieder kleine
- agiert stimmungsabhängig
- „funktioniert“ nicht immer
- hat Geschichten lieber als Fakten
- ist dann besonders gut, wenn er über selbst Erlebtes erzählt
- ist ein Meister der Zwischentöne
- bleibt manchmal an der Oberfläche
- liebt Unvorhergesehenes
- ist spontan
- handelt aus dem Bauch heraus
- kann gut mit Lampenfieber umgehen
- steht während des Vortrages gern mitten unter den Zuhörern
- steht gerne im Mittelpunkt
- neigt zur Selbstdarstellung
- erzählt gerne Beispiele und Geschichten
- verliert manchmal den Faden und schweift aus
- benötigt nur wenige Hilfsmittel, möchte lieber durch sich als Persönlichkeit wirken
- fühlt sich durch Medien (Power Point etc.) schnell eingeschränkt
- legt Wert auf das richtige (nicht auf das perfekte) Styling
- Kreativität spielt beim Styling eine größere Rolle als Statussymbole
- mag großes Publikum, ist jedoch am besten, wenn sie/er mit jedem Einzelnen Blickkontakt haben kann
- flirtet mit dem Publikum
- ist manchmal schlampig vorbereitet und ungenau, wirkt dadurch inkompetent
- ist eitel
- äußeres Erscheinungsbild soll originell sein, Statussymbole nicht so wichtig
- spricht nuancenreich – mal laut, mal leise, Pausen, hoch, tief
- die Größe der Bühne ist ihm egal, er kann auf jeder Bühne wirken

3. Der Einfühlsame

- handelt aus dem Bauch heraus
- Werte sind ihm wichtig
- möchte Botschaften und Werte transportieren
- will in seinem Tun einen Sinn sehen
- ist tiefgründig
- spricht eher leise
- kleine Gesten
- kleine Schritte
- ist immer gut vorbereitet, manchmal sogar zu gut – darunter leidet die Spontaneität
- ist oft sehr nervös, leidet unter Lampenfieber
- vergisst auf Strukturen
- wirkt manchmal chaotisch
- neigt dazu, den roten Faden zu verlieren
- wirkt schüchtern
- bevorzugt kleine Bühnen
- steht nicht gern im Mittelpunkt
- ist überhaupt kein Selbstdarsteller
- steht oder sitzt gern inmitten der Zuhörer
- will vom Publikum gemocht werden
- nimmt sich Publikumsreaktionen sehr zu Herzen
- hat Geschichten lieber als Fakten
- legt großen Wert auf Zwischentöne
- nützt Styling als Ausdruck seiner inneren Haltung und Weltanschauung
- misst Äußerlichkeiten keine große Beachtung bei
- möchte sich in seiner Kleidung wohlfühlen
- legt überhaupt keinen Wert auf Statussymbole
- agiert stimmungsabhängig
- „funktioniert" nur, wenn er in seinem Tun einen Sinn erkennt
- fühlt sich durch Medien oft eingeschränkt (zu starre Strukturen!)
- möchte mit Hilfe von Hilfsmitteln alle Sinne der Zuhörer ansprechen
- ist im Umgang mit Hilfsmitteln äußerst kreativ (Duftöle, Musik, Bilder, Steine, Muscheln ...)
- will Publikum berühren
- will, dass sich die Zuhörer wohlfühlen
- bringt dem Publikum große Wertschätzung entgegen

- mag lieber ein kleines Publikum, da er jeden einzelnen Zuhörer wahrnehmen will
- bezieht gerne eigene Erlebnisse in die Rede mit ein
- sieht den Zuhörer als Mittelpunkt des Vortrages
- Redner dieses Typs verfügen häufig über ein stark ausgeprägtes soziales Gewissen
- spricht den Zuhörer auf der emotionalen Ebene an
- kann gut zuhören
- delegiert nicht gerne, bereitet alles selber vor

4. Der Sachliche

- kleine Gesten
- kaum ausgeprägte Mimik
- kleine Schritte
- hängende Schultern
- Brustkorb eingezogen
- will nicht auffallen
- neigt zu einer monotonen Sprechweise
- lineare Sprachmelodie
- spricht mit eher leiser Stimme
- ist immer gut vorbereitet
- strukturiert
- legt Wert auf Details
- neigt dazu, sich in Details zu verlieren
- agiert stimmungsunabhängig
- „funktioniert" fast immer
- steht nicht gern im Mittelpunkt
- ist kein Selbstdarsteller
- ist ernsthaft
- kompetent
- seriös
- legt kaum Wert auf Äußerlichkeiten
- Statussymbole nicht wichtig
- möchte sich in seiner Kleidung sicher fühlen
- mag Fakten lieber als Geschichten
- spricht die Zuhörer auf der rationalen Ebene an
- Medien, die er einsetzt, müssen funktionieren, aber nicht der letzte technische Schrei sein

- Hilfsmittel, die er einsetzt, müssen im direkten Zusammenhang zum Inhalt seiner Rede stehen
- spricht gern vor kleinerem Publikum und schätzt qualifizierte Zwischenfragen
- blufft nicht – gibt auch ehrlich zu, wenn er etwas gerade nicht weiß. Holt sich Mailadresse des Fragestellers, damit er sich informieren und ihm später die Antwort zukommen lassen kann.
- redet oft zu lang, weil er nichts weglassen kann (jedes Detail ist wichtig!)
- unflexibel
- ist von seinen Inhalten selbst begeistert – motiviert so das Publikum
- will vom Publikum für sein Wissen geschätzt werden
- nicht er, der Inhalt seines Vortrages steht für ihn im Mittelpunkt
- macht keine Show, wirkt manchmal trocken
- mag Unvorhergesehenes nicht so gerne
- geht gerne in die Tiefe – hat eine Abneigung gegen Oberflächlichkeit

5. Der Entertainer

- will das Publikum unterhalten
- bringt das Publikum gerne zum Lachen
- hat eine relativ weite Schamgrenze
- greift auch mal in die Witze-Schublade
- kann über sich selbst lachen
- spricht laut
- hat eine ausgeprägte Mimik
- hat eine abwechslungsreiche Gestik; eher große Gesten
- lebendige Körpersprache
- macht Show
- ist sehr spontan
- ist meistens sehr gut vorbereitet (Pointen müssen sitzen!)
- liebt Unvorhergesehenes – und kann gut darauf reagieren
- ist kein Meister der leisen Zwischentöne
- mag Geschichten lieber als Fakten
- Botschaften sind ihm nicht so wichtig; Unterhaltung steht im Vordergrund
- liebt großes Publikum
- schafft eine gute Atmosphäre

- nimmt Kontakt zum Publikum auf
- reagiert auf das Publikum
- bezieht das Publikum mit ein
- nimmt sich Reaktionen des Publikums sehr zu Herzen
- spricht die Zuhörer auf der emotionalen Ebene an
- Statussymbole sind ihm nicht wichtig
- auffällige Kleidung
- hat sein Lampenfieber gut im Griff
- wirkt äußerst locker
- leidet manchmal darunter, dass man zwar über ihn lacht, ihn aber nicht ernst nimmt
- schießt manchmal übers Ziel hinaus
- Größe der Bühne ist ihm egal, er nützt die ganze Bühne aus und begibt sich während seines Vortrages auch gerne in den Zuschauerraum
- setzt gerne Hilfsmittel ein, die groß und bombastisch wirken (Musik, Licht, Bilder)

DIE EIGENE STIMME ANNEHMEN

Die meisten Menschen sind völlig schockiert, wenn sie ihre eigene Stimme zum ersten Mal hören, und empfinden deren Klang als fremd und unangenehm. „Und SO soll ich klingen?", haben mich meine Seminarteilnehmer schon oft entsetzt gefragt, nachdem ich sie auf Band oder Video aufgenommen und Ihnen das Ergebnis vorgespielt habe. Auch ich habe mich lange nicht gern selbst gehört. Und das, obwohl ich bereits seit Jahren beim Radio gearbeitet habe und an den Klang meiner Stimme eigentlich hätte gewohnt sein müssen.

Beim Thema „Stimme" können Selbst- und Fremdbild mitunter recht weit auseinanderklaffen. Wir selbst nehmen unsere Stimme nämlich ganz anders wahr, als die anderen sie hören.
Warum ist das so?
Die Stimme bewegt sich in Form von Schallwellen auf das Ohr des Zuhörers zu. Diese Schallwellen werden über die Luft transportiert. Schließlich kommen Sie beim Trommelfell des anderen an, versetzen es in Schwingung und unser Gegenüber kann uns hören. Die Zuhörer hören also aus-

schließlich das, was – salopp ausgedrückt – aus unserem Mund kommt. Wir selbst hören noch ein wenig mehr. Wir hören uns nämlich auch innerlich. Der von uns produzierte Schall wird über die Luft UND über unsere Knochen an unser Innenohr geleitet. Also hören wir quasi zwei Stimmen: eine von außen (Luftleitung) und eine von innen (Knochenleitung).
Was Sie über die „Knochenleitung" hören, ist hoch exklusiv: So können nämlich nur Sie selbst sich hören. Bei allen anderen Menschen kommt Ihre „Luftleitungsstimme" an – und diese Stimme hören klarerweise auch Sie, wenn Sie beispielsweise Ihrer Ansage am Anrufbeantworter lauschen.

Um ein guter Redner zu werden, müssen Sie sich mit Ihrer Stimme vertraut machen und sie annehmen. Je intensiver Sie sich mit Ihrer Stimme auseinandersetzen und an ihr arbeiten, desto besser kann sie Sie unterstützen, wenn Sie nervös sind, Lampenfieber haben oder sich über etwas ärgern. Sie werden auch in Zukunft manchmal ängstlich oder zornig sein. Nur lernen Sie Ihre Körperfunktionen immer besser von Ihren Emotionen zu trennen und gefährden durch Wut oder Trauer nicht gleich Ihre Arbeit und Ihre Professionalität.
Es wäre natürlich traumhaft, könnten wir unseren Gefühlen jederzeit und an jedem Ort freien Lauf lassen und ihnen Ausdruck verleihen; in der Realität geht das aber nun mal nicht. Sie müssen deswegen Ihre Gefühle nicht runterschlucken und so tun, als ob nichts wäre. „Tun als ob" ist übrigens immer ganz schlecht. Gefühle wie Zorn, Wut, Angst und Trauer dürfen sein. (Ich vermeide ganz bewusst den Ausdruck „negative Gefühle". Ich finde nämlich, es gibt keine „negativen" Gefühle. Alles, was wir fühlen, hat seine Berechtigung.) Sie werden nach einiger Zeit immer besser dazu in der Lage sein, auf Ihre körperlichen Ressourcen zurückzugreifen:
Sie werden tief und ruhig atmen, obwohl Sie Angst haben.
Sie werden aufrecht und mit offenem Brustkorb stehen, obwohl Sie traurig und innerlich geknickt sind.
Ihre Stimme wird voll und klar klingen, obwohl Sie sich gerade ärgern.

Es hilft ernorm, darüber Bescheid zu wissen, wie die eigene Stimme und der Körper funktionieren. Ich selbst habe unzählige Male als Moderatorin auf der Bühne oder im Studio gestanden – mit einem Herz vor Kummer schwer wie Blei – und musste dennoch funktionieren und so klingen, als könnte nichts mich erschüttern. Oft schon wäre ich am liebsten im Bett geblieben, hätte am liebsten die Decke über den Kopf gezogen und mich unsichtbar gemacht: „Liebe Welt, bin leider unpässlich – heute musst du ohne mich auskommen!" Einmal hat sich vor Jahren an einem Sonntagabend ein Mann von mir getrennt und ich musste am Montag pünktlich um 5 Uhr Früh im Studio stehen und gut gelaunt via „Ö3-Wecker" das Land wecken. Dass mir damals eher nach Weinen zumute gewesen wäre, können Sie sich wahrscheinlich gut vorstellen. An Tagen wie diesen hat mir allein mein Wissen über meine Stimmfunktionen und deren Zuverlässigkeit dabei geholfen, wach, kompetent, professionell und freundlich zu klingen (und der Glaube daran, dass nach einem Regentag irgendwann auch wieder die Sonne scheint. Aber das ist eine andere Geschichte!). Vielleicht war meine Stimmung an jenen Tagen etwas gedrückter. Die allermeisten Hörer haben von dieser Bedrücktheit aber bestimmt nichts bemerkt.

Wie können Sie es schaffen, „Trauertage", „müde Tage" oder „Schlechte-Laune-Tage" professionell zu überstehen?

1. Lenken Sie Ihre Gedanken zu 100 % auf das, was Sie in diesem Moment gerade tun. „Konzentration" lautet das Zauberwort. Wenn Sie essen, denken Sie ausschließlich ans Essen. Wenn Sie mit Kollegen diskutieren, tun Sie das voll und ganz. Wenn Sie arbeiten, schweifen Sie nicht gedanklich ab. Bleiben Sie im Hier und Jetzt!
2. Nehmen Sie eine aufrechte Körperhaltung ein! Stellen Sie sich der Welt! Unsere Gedanken und unsere Körperhaltung sind untrennbar miteinander verbunden. Die Körperhaltung beeinflusst die Gedanken, die Gedanken wiederum die Körperhaltung. Ich komme an dieser Stelle noch einmal auf den schönen Satz zurück: Es kann nicht nach außen wirken, was nicht in uns ist! Nur dann, wenn Sie aufrecht stehen oder sitzen, Ihre Schultern und Ihr Nacken locker sind und Ihr Brustkorb nicht eingefallen ist, sondern offen, nur dann können tiefe Atemzüge in Ihren Bauch fließen. Diese tiefen Atemzüge wirken beruhigend auf Ihren Geist und Ihre Seele, geben Ihnen Selbstvertrauen und das Gefühl, sich selbst ganz nah zu sein.

Spüren Sie, wie Ihre Fußsohlen Kontakt zum Boden aufnehmen. So stehen Sie sicher und im wahrsten Sinne des Wortes „mit beiden Beinen" auf dem Boden. Sie bekommen Erdung und Bodenhaftung und lassen sich nicht so schnell aus der Ruhe bringen.

Übung: Mit der eigenen Stimme vertraut werden

Lesen Sie laut einen Text, den Sie mögen, nehmen sie diesen immer wieder auf Band auf und hören Sie sich die Aufnahme anschließend an. Schämen Sie sich dabei nicht gleich in Grund und Boden, kritisieren Sie sich nicht – nehmen Sie ganz einfach nur wertfrei wahr, was Sie hören. Spannend, oder?

Was fällt Ihnen auf?

- Wie klingt Ihre Stimme via „Luftleitung"?
- Was mögen Sie an Ihrer Stimme besonders gern?
- Wie würden Sie Ihre Stimme jemandem beschreiben, der Sie noch nie gehört hat?

Anmerkung: Im Kapitel „Stime von A-Z" finden Sie auf Seite 55 unter dem Stichwort „Charakter" eine Liste von Eigenschaftswörtern, die beschreiben, wie eine Stimme klingen kann. Nehmen Sie diese Liste als kleine Anregung für Ihre Entdeckungsreise! Streichen Sie die Begriffe, die auf Ihre Stimme zutreffen, an!

Wenn Sie möchten und sich dabei wohlfühlen, können Sie diese Fragen auch einer vertrauten Person stellen. Bitten Sie um ehrliches Feedback und vergleichen Sie: Wie nehme ich mich wahr? Wie wirke ich in den Ohren anderer?
Auch hier gilt: Es gibt kein „Gut" oder „Schlecht", es gibt nur Sie, so wie Sie sind. Ich kenne auch keine „schönen" und „unangenehmen" Stimmen. Es gibt aber sehr wohl Redner, die authentisch sind, und solche, die versuchen, jemand zu sein, der sie nicht sind.

Sie erinnern sich an die Formel von Professor Albert Mehrabian?
Bei einem Redner achten wir automatisch zu 55 % auf die optischen Signale (Körperhaltung und -sprache, Outfit und Styling), zu 38 % auf die Stimme und zu 7 % auf den Inhalt seines Vortrages.
Unsere Stimme ist also unsere Visitenkarte. Unsere Stimme ist Teil unserer Persönlichkeit. An der eigenen Stimme zu arbeiten, bedeutet, sich mit sich selbst zu beschäftigen und sich als Person weiterzuentwickeln. Eine Kundin von mir hat dafür einmal Worte gefunden, die diese Entwicklung treffend beschreiben: „Ich bin hergekommen, um sprechen zu lernen", sagte sie, „aber bekommen habe ich viel, viel mehr."

An der eigenen Stimme arbeiten

Die eigene Stimme zu entdecken und zu trainieren, ist unglaublich schön. Ich war 16, als ich begonnen habe, Gesangsunterricht zu nehmen und meine Stimme zu bilden. Ich hatte zum Glück eine wunderbare und achtsame Lehrerin. Für sie bedeutete Singen nicht (nur), die Töne zu treffen und um jeden Preis bis zum zweigestrichenen C raufzujodeln. Singen hieß für sie vor allem, den Körper zu spüren und wahrzunehmen und „in der eigenen Mitte zu sein". Und so lag ich Woche für Woche bei ihr am Boden auf der Decke, praktizierte meine Atem- und Stimmübungen und lernte nach und nach, immer besser mit meiner Stimme umzugehen. Am Nachhauseweg fühlte ich mich jedes Mal strahlend und glücklich. Meine Sinne waren geschärft und ich war mir sehr nahe. Dieses Gefühl der Klarheit werde ich niemals vergessen.

Heute mache ich selbst als Trainerin und Coach Menschen mit ihrer Stimme vertraut. Seitdem mir aufgefallen ist, dass so viele Menschen ihre Stimme weder richtig kennen noch mögen, ist dieses „Vertraut-Machen" für mich ein wichtiger Teil des Präsentationstrainings.

Die Stimme ist etwas sehr Intimes. Wird unsere Stimme kritisiert, fühlen wir uns als Person angegriffen und verletzt. Kennen wir hingegen unsere Stimme, wissen wir, dass wir uns auf sie verlassen können, und finden wir sie vielleicht sogar richtig gut, stärkt dies unser Selbstwertgefühl. Und Sie kennen den Mechanismus: Mag man sich selbst, kommt man auch bei anderen an. Mögen wir unsere Stimme, findet sie auch bei unseren Zuhörern Anklang.

Die Stimme kann nicht lügen. Sind wir euphorisch, wird sie lauter, höher und vielleicht sogar ein wenig schriller. Sind wir hingegen traurig, klingt sie monoton und schwer. Leiden wir unter starker Nervosität, zittert sie. Viele ärgern sich darüber, dass ihre Stimme sie immer verrät. Zugegeben, das ist in so mancher Situation unangenehm. Stellen Sie sich vor, Sie bekommen die Chance, vor dem gesamten Management-Team Ihrer Firma eine Präsentation zu halten und können endlich zeigen, dass Sie superkompetent sind – und dann beginnt Ihre Stimme zu flattern und wird piepsig (bei Frauen) oder gepresst (bei Männern). Ja, das IST gemein.

Andererseits: Ist es schlimm, wenn man aufgeregt ist? Ich finde, wir sollten uns nicht ständig eine Maske aufsetzen, nur damit wir möglichst cool und unberührt wirken.

Kleine Schwächen können wir nur besiegen, indem wir zu ihnen stehen und uns ihnen zuwenden.

Das heißt natürlich nicht, dass Sie alle bei Ihrem Vortrag Anwesenden möglichst umfangreich über Ihre Nervosität informieren sollen! Es reicht, wenn Sie sich Ihre Angst eingestehen und (das ist ganz wichtig!) sich nicht dafür verdammen! Bevor Sie sich also über Ihre zittrige Stimme ärgern, denken Sie besser: „Okay, ich bin jetzt nervös, ist ja auch ganz normal in meiner Situation. Aber ich bin gut vorbereitet und in meinem Thema zu Hause. Die Präsentation wird gut laufen und meine Stimme wird sich beruhigen."
Haben Sie es schließlich geschafft, zu Ihrer Stimme Vertrauen zu gewinnen, sind Sie sich selbst wieder ein großes Stück näher gekommen!

„Stimme" von A–Z

A wie „Achtsamkeit"

Damit ein Instrument seinen wunderschönen Klang voll entfalten kann, muss es gehegt und gepflegt werden. Das Instrument des Redners ist sein eigener Körper. Wir sollten ihn möglichst gut behandeln. Ich hatte lange keine klare Vorstellung davon, was ich darunter verstehen sollte. Wie ist man „gut zu seinem eigenen Körper"?
Heißt das, möglichst wenig zu essen, um schlank zu bleiben? Muss ich mir bestimmte Lebensmittel vorenthalten? Sport treiben? Diese Fragen haben mich verwirrt. Ich war mit aller Kraft um das Wohlergehen meines Körpers bemüht und habe doch das Wichtigste von allem vergessen: auf ihn zu hören nämlich.
Ich wollte über meinen Körper bestimmen. Habe ihm gewisse Dinge erlaubt, andere wiederum verboten. Habe ihm mitgeteilt, wann er was zu tun hat: schlafen, essen, sich bewegen. Dabei sollte es im Idealfall genau umgekehrt ablaufen.
Wir müssen auf die Bedürfnisse unseres Körpers achten und diesen folgen!
Davon entfernte ich mich damals jedoch immer weiter; mein Verhalten (essen, schlafen, Sport) wurde immer zwanghafter und machte mir mehr und mehr zu schaffen. Irgendwann war ich total erschöpft: ständig krank, immer müde. Ich hatte beinahe zur Gänze den Kontakt zu mir verloren.
Mein Instrument, auf das ich doch so gut aufpassen wollte, war angeschlagen. Dieser Zustand hat mich in eine tiefe Krise gestürzt.
„Mens sana in corpore sano", frei übersetzt: „In einem gesunden Körper

wohnt ein gesunder Geist“, so das berühmte Zitat des römischen Dichters Juvenal. Ist unser Körper, unser Instrument, verstimmt, verlieren auch die Gedanken an Klarheit. Denn, wie wir schon besprochen haben, unser Körper und unsere Gedanken sind untrennbar miteinander verbunden. Ich habe schließlich einen Weg gefunden, Körper und Geist wieder in Einklang zu bringen: Ashtanga Yoga. Dabei bin ich zum ersten Mal in meinem Leben bewusst auf das Wort „Achtsamkeit“ gestoßen. Seither ist dieser Begriff so etwas wie mein innerer Leitfaden.

Was aber bedeutet „Achtsamkeit“?

In Anlehnung an die buddhistische Lehre möchte ich die vier Grundlagen der Achtsamkeit wie folgt beschreiben:

1. Achtsamkeit auf den Körper
2. Achtsamkeit auf die Gefühle
3. Achtsamkeit auf den Geist
4. Achtsamkeit auf die Geistesobjekte

Ich habe daraus für mich (als Rednerin wie als Mensch) folgende Lehren gezogen:

1. Versuche nicht, deinen Körper zu bezwingen, sondern höre darauf, was er dir mitteilt!
2. Beobachte deine Gefühle, werte sie nicht. Es gibt keine „guten“ und „schlechten“ Gefühle. Es gibt lediglich Bedürfnisse und Reaktionen auf etwas. Jede Gefühlsregung hat ihre Berechtigung und darf sein! Nimm Rücksicht auf deine eigenen Bedürfnisse und auf die Bedürfnisse der anderen.
3. Betrachte deine Umgebung mit einem klaren Blick. Hör auf, Dinge schönzureden oder von vorneherein schlechtzumachen. Tu nichts, weil du es tun musst, sondern weil du dich dafür entschieden hast, es zu tun!
4. Lenke deine Gedanken auf das, was dich als Mensch wachsen lässt, deinen Horizont erweitert und somit die Welt für dich bunter und vielfältiger macht!

Die folgenden Seiten bieten Ihnen einen theoretischen Unterbau zum Thema „Stimme“. Wenn Sie damit beginnen, an Ihrer Stimme zu arbeiten, gehen Sie dabei achtsam vor. Erzwingen Sie nichts, lassen Sie Ihrer Entwicklung freien Lauf. Vergleichen Sie sich nicht mit anderen und setzen

Sie sich nicht selbst unter Druck. Sie werden zahlreiche Übungen kennenlernen, die Sie dabei unterstützen, „Ihr Instrument zu stimmen“. Dazu gehört die Beschäftigung mit Stimme, Sprechinstrumenten und Körperhaltung. Manche Übungen werden Sie mehr ansprechen, andere weniger. Sie müssen, um sich als Redner weiterzuentwickeln, nicht alle Übungen machen. Suchen Sie sich diejenigen heraus, die Sie brauchen und die Ihnen hilfreich erscheinen. Achtsam zu sein bedeutet auch, den Unterschied zu erkennen zwischen dem, was uns guttut und weiterbringt – und was nicht!

A wie „Atmung“

Die Bereiche „Stimme“, „Atmung“ und „Körper“ kann man nicht isoliert voneinander behandeln. Sprechen ist immer eine Wechselwirkung aus Stimme, Atmung und den Bewegungen des Körpers. Richtige Atmung ist die Grundlage für gutes Sprechen. Unsere Stimme entfaltet nur dann ihren vollen Klang, wenn wir tief in den Bauch atmen. Unsere Körperbewegungen können nur entspannt, bewusst und authentisch sein, wenn es auch unsere Atmung ist.

Atmung ist die Lebensenergie, die durch unseren Körper fließt. Solange wir atmen, sind wir lebendig.

Die fürs Sprechen richtige Atmung ist die sogenannte Bauch- oder Zwerchfellatmung. (Mehr darüber unter dem Stichwort „Zwerchfell“ auf Seite 72.) Jeder von uns hat als Baby auf diese Weise geatmet. Im Laufe der Jahre verlernen wir das leider und müssen von Neuem erlernen, in den Bauch zu atmen.

Die Atmung kann als Seismograf für unseren Gefühlszustand dienen. Sind wir zufrieden, fühlen wir uns rundum wohl, atmen wir gleichmäßig und entspannt. Sind wir erregt, verärgert oder auch besonders glücklich und aufgekratzt, wird unsere Atmung intensiver.

Das bedeutet umgekehrt: Sie können mithilfe Ihrer Atmung auch Ihre Stimmung beeinflussen! Schmerzen können Sie durch eine tiefe Atmung ein wenig lindern, Lampenfieber in den Griff bekommen, Sie können zu Ihrer Mitte zurückfinden, wenn Sie „außer sich“ geraten sind. Sind wir nicht „bei uns“, treffen wir Entscheidungen, die wir später bereuen, bauen wir Unfälle oder verletzen uns.

Einatmen heißt im übertragenen Sinn „etwas zu sich nehmen“, ausatmen bedeutet „loslassen, etwas wieder hergeben“.

Damit der Atem fließen kann, benötigt es eine möglichst aufrechte Haltung. Mit diesem Thema beschäftigen wir uns ab Seite 52.

Atmung ist vegetativ: Sie passiert von allein. Die berühmte Atempädagogin Ilse Middendorf beschreibt diesen Vorgang sehr schön: „Es atmet mich".

Viele Menschen begehen den Fehler, dass sie zu viel Luft auf einmal einatmen. Sie schnappen förmlich nach Luft. Das ist anstrengend und außerdem belastend für die Stimme. Einatmen erfolgt immer über die Nase und vollkommen automatisch.

Es sollte daher nicht heißen: „Ich atme", sondern vielmehr „Es atmet". Unser Körper holt sich seinen neuen Atemzug ganz von allein – wenn wir ihn lassen. Wir brauchen nichts dazu zu tun.

Nehmen Sie Ihre Atmung also wahr, aber kontrollieren Sie sie nicht! Das ist am Anfang etwas ungewohnt. Während meiner ersten Atemschulungsstunden hatte ich beispielsweise permanent das Gefühl zu ersticken. Ich habe derartig verkrampft versucht, locker zu bleiben und einfach nur zu beobachten, dass ich natürlich alles andere als entspannt war. So sehr forciert wie in diesen Stunden habe ich meine Atmung noch nie! Aber ich verspreche Ihnen: Atemübungen werden mit der Zeit zu etwas völlig Normalem und funktionieren dann auch ganz gut. Lassen Sie sich Zeit und stressen Sie sich nicht! Auch für das Thema „Atmung" gilt: Es ist noch kein Meister vom Himmel gefallen! Sie können aber gleich damit beginnen, einer zu werden!

Zusammen mit der Wiener Atemtherapeutin Ulla Hofinger habe ich einige Atemübungen zusammengestellt, die Sie jeden Tag praktizieren können. Wir haben dabei bewusst darauf geachtet, dass sich die ausgewählten Übungen ganz einfach in Ihren Alltag integrieren lassen.

Übung 1: Hand auf den Bauch

Finden Sie guten Kontakt zum Boden (siehe Übung „Bodenkontakt" Seite 54). Halten Sie die Knie locker. Legen Sie sich eine Hand auf den Bauch unterhalb des Bauchnabels und lassen Sie den Atem dorthin fließen, wo die Hand liegt. Forcieren Sie Ihre Atmung nicht, beobachten Sie sie lediglich!

Übung 2: Entspannen

Legen Sie sich auf den Rücken (auf den Boden, aufs Bett oder in die Badewanne) und schließen Sie die Augen. Legen Sie eine Hand auf Ihren Bauch und spüren Sie, wie Ihr Atem von allein den Weg dorthin findet.

Übung 3: Im Sitzen laufen

Setzen Sie sich auf einen Stuhl und laufen Sie im Sitzen. Diese Übung aktiviert die Fußsohlen und hilft Ihnen dabei, die Füße zu spüren. „Gute Haltung beginnt bei den Füßen", so Ulla Hofinger. Und gute Atmung beginnt bei der richtigen Haltung.

Übung 4: Tennisball

Nehmen Sie einen Tennisball und rollen Sie ihn unter den Fußsohlen hin und her. Auch diese Übung aktiviert die Fußsohlen.

Übung 5: Füße kneten

Kneten Sie Ihre Füße. Die noch bequemere Variante wäre eine Fußsohlenreflexmassage. Leider ist nicht ständig jemand zur Stelle, der uns so eine Massage verpassen kann, also müssen Sie selbst zur Tat schreiten!

Übung 6: Dehnen

Räkeln Sie sich und denken Sie dabei an eine Katze. Strecken Sie sich genüsslich in alle Richtungen, das dient dem Spannungsabbau. Spüren Sie, wie sich Ihr Körper den Raum nimmt, den er braucht. Um wirken zu können, benötigen wir Raum. Und der Atem braucht Raum im Körper, um fließen zu können.

Übung 7: Rollen auf der Wirbelsäule

Legen Sie sich auf den Rücken und bringen Sie die Beine nach hinten über den Kopf. Rollen Sie dann Wirbel für Wirbel langsam zurück. Denken Sie dabei an eine Perlenkette!

Übung 8: Schwer werden

Legen Sie sich auf den Bauch und schieben Sie beide Hände unter die Beckenknochen. Spüren Sie, wie beim AUSatmen das Becken immer schwerer wird. Genießen Sie das Gefühl der Schwere!

Übung 9: Die Knie-Übung

Die Füße stehen etwa hüftbreit auf dem Boden.

Spüren Sie die Fußsohlen!

Bewegen Sie sich ganz leicht nach vorne in Richtung Fußballen, die Knie sind dabei ganz locker und ein wenig gebeugt. Sie werden beobachten, dass der Atem jetzt in den Bauch fließt.

Gegencheck: Rollen Sie die Füße in Richtung Fersen und strecken Sie die Knie fest durch. Jetzt kann die Atmung nicht in den Bauch fließen, sondern geht direkt in den Brustkorb. Diese Haltung ist daher beim Sprechen nicht optimal!

All diese Atemübungen helfen auch gut bei Lampenfieber!

A wie „Atemstütze“

Sprechen findet immer in der Phase der Ausatmung statt. Die Atemstütze dient dazu, dass wir mit dem geringstmöglichen Aufwand einen möglichst großen stimmlichen Effekt erzielen. Das heißt: Unsere Ausatmungsphase soll verlängert werden; dann verbessern sich auch Stimmsitz und Stimmklang. Ziel ist es, unserer Stimme mithilfe der Atemstütze ein gutes Fundament zu geben.

Übung:

Stehen oder sitzen Sie entspannt und stellen Sie sich vor, wie sich beim Einatmen der Bauchbereich und die Flanken dehnen. Legen Sie die Hände entweder auf den Bauch unterhalb des Nabels oder auf die Flanken. Atmen Sie leise auf einem „f“ oder „s“ aus. Atmen Sie mit so wenig Luft wie möglich aus! Während Sie ausatmen, wird Ihr Bauch flacher, die Flanken bewegen sich nach innen.

Wichtig: Das Erlernen der Atemstütze ist anfangs recht anstrengend. Wenn Sie sich überfordern, kann es zu Schwindel – oder Kreislaufproblemen kommen. Legen Sie daher während des Übens immer wieder Pausen ein!

A wie „Aufrechte Haltung“

Ihre Stimme kann nur dann ihren vollen Klang entfalten, wenn Sie eine aufrechte Haltung einnehmen. „Aufrechte Haltung“ bedeutet aber nicht, dass Sie stocksteif dastehen und sich nicht bewegen. Aufrechte Haltung ist immer dynamisch, niemals statisch. Erfahrene Redner finden eine gute Ausgangsposition und verändern Ihre Haltung während Ihres Vortrages immer wieder. Sie sind in der Lage, in jeder Körperposition – ob im Stehen, im Sitzen auf einem Stuhl, im Sitzen auf dem Boden – Ihr Gleichgewicht und Ihre Mitte zu finden und eine aufrechte Haltung einzunehmen.

Übung 1: Aufrollen

Stellen Sie sich hüftbreit hin und lassen Sie Ihren Oberkörper nach vorne fallen. Achten Sie darauf, dass möglichst viele Punkte Ihrer Fußflächen Kontakt zum Boden haben und dass Ihre Knie nicht ganz durchgestreckt sind. Lassen Sie Ihre Nackenmuskulatur und die Schultern ganz locker. Dann beginnen Sie sich aufzurollen. Wirbel für Wirbel. Vom Steißbeinwirbel bis zu den Halswirbeln. Erst ganz zum Schluss richtet sich der Kopf auf.

Übung 2: Krone

Stellen Sie sich vor, Sie tragen eine Krone auf dem Kopf. Wie muss Ihre Kopfhaltung sein, damit die Krone nicht von Ihrem Kopf fällt? Genau – der Kopf ist gerade und der Blick nach vorne gerichtet. Ziehen Sie das Kinn zu weit nach unten, fällt die Krone nach vorne auf den Boden. Legen Sie den Kopf hingegen in den Nacken und tragen Sie die Nase zu weit oben, fällt die Krone nach hinten.

Übung 3: Buch-Übung

Diese Übung ist äußerst simpel. Legen Sie sich ein Buch auf den Kopf und schreiten Sie durch den Raum. Solange Ihre Haltung aufrecht ist, wird das Buch nicht vom Kopf fallen!

Wie fühlen Sie sich, nachdem Sie diese Übungen gemacht haben?
Wie hat sich Ihre Haltung im Gegensatz zu vorher verändert?
Schließen Sie kurz die Augen und prägen Sie sich dieses Gefühl ein. Ziel ist es, dass Sie Ihre aufrechte Haltung in jeder Situation wiederherstellen können, ohne vorher die Übungen machen zu müssen.
Achten Sie daher immer auf folgende Punkte im Körper:

- Fußsohlen: Ist das Gewicht gleichmäßig verteilt?
- Knie: Sind die Knie ein wenig gebeugt?
- Becken: Ist das Becken gerade?
- Schultern: Sind die Schultern locker? (Wichtig: Die Schultern beim Sprechen nicht hochziehen!)
- Kopf: Ist die Kopfhaltung so, dass Ihre imaginäre Krone nicht runterfällt?

Diesen Check können Sie in jeder Situation machen: in der Warteschlange vor der Supermarktkasse, beim Stehen in der Straßenbahn oder im Bus oder hinter der Bühne kurz vor Ihrem Auftritt. Und natürlich auch während Ihrer Rede!

B wie „Betonung“

Es hängt natürlich immer vom Kontext ab, welche Wörter Sie durch besonderes Betonen herausheben möchten.
Allgemein gilt: Betonen Sie innerhalb einer kurzen Satzeinheit immer nur ein Wort stark, und zwar immer das wichtigste!

B wie „Bodenkontakt“

Beim Sprechen (wie auch im Leben!) ist es wichtig, niemals den Boden unter den Füßen zu verlieren. Versuchen Sie sowohl vor als auch während einer Rede immer Ihre Fußsohlen zu spüren!
„Was haben meine Fußsohlen mit meiner Stimme zu tun?“, fragen Sie sich jetzt vielleicht. Nun, sehr vieles! Besitzen Sie Bodenhaftung, fällt es Ihnen leichter, in den Bauch zu atmen. Ihr Brustkorb entspannt sich, Ihre Stimme wird voller und breitet sich im Raum aus.

Übung: Bodenkontakt

Stellen Sie sich hüftbreit hin und beobachten Sie: Belaste ich eher die Ballen oder die Fersen? Verlagern Sie Ihr Gewicht bewusst nach vorne, sodass Sie fast das Gleichgewicht verlieren. Dann verlagern Sie Ihr Gewicht nach hinten, bis Sie fast auf den Fersen sehen. Zum Schluss pendeln Sie sich in der Mitte ein.

Vergessen Sie nicht auf die leicht gebeugten Knie! Sind Sie in Ihrer Mitte, wirft Sie so schnell nichts um!

C wie „Charakter“

Zu 38 % achten wir bei einem Redner automatisch auf die Stimme. Auf Ihren Klang, die Sprachmelodie, den Sprechrhythmus. Die Stimme verrät vieles über einen Menschen. Zum Beispiel kann sie uns darüber Auskunft geben, wie sich jemand fühlt. Wir schreiben Menschen aufgrund ihrer Stimme auch bestimmte Eigenschaften zu.
Spricht ein Mensch mit tiefer, voller Stimme, wirkt er auf uns kompetent, professionell, erfahren, glaubwürdig und selbstbewusst. Eine tiefe Stimme signalisiert: „Du kannst mir vertrauen – ich weiß, wo's langgeht!“
Piepsige Kleinmädchen- und gepresste Männerstimmen hingegen wirken auf uns unsicher, unerfahren, inkompetent und nicht durchsetzungsfähig. Wir schenken Menschen mit einer solchen Stimme kein Vertrauen und nehmen sie nicht ernst.
Mit einer weichen Stimme verbinden wir eine offene und warmherzige Person, die es gut mit uns meint und der wir vertrauen können. Scharfe

Stimmen empfinden wir als aggressiv – diesen Stimmen schenken wir naturgemäß kein Vertrauen, sondern ziehen uns innerlich eher zurück.

Es ist gar nicht so einfach, den Klang einer Stimme in Worte zu fassen. Das macht man schließlich nicht jeden Tag! Um die eigene Stimme kennenzulernen, müssen Sie jedoch benennen können, was Sie hören. Ich habe Ihnen eine Liste von Eigenschaftswörtern zusammengestellt, die Ihnen dabei helfen, Ihre Stimme und Ihre Sprechweise treffend zu beschreiben.

So also kann eine Stimme klingen:

aktiv
alt
angespannt
angestrengt

belegt
beruhigend
brüchig
brummig

dünn
dunkel

emotional belegt
eng
erotisch

fest
flach
frisch

gedämpft
gequetscht
gepresst

heiser
hell
hoch

jung

kernig
klangvoll
klar
knödelnd
kraftvoll
krächzend
kräftig

laut
leblos
leise

männlich
melodisch
monoton

nasal
nuschelnd

piepsig
präsent
präzise

rau
resonanzreich
rhythmisch

sachlich
sanft
scharf
schneidend
schrill
sexy
sonor
stockend

tief
tragfähig

unausgereift
unruhig
unsicher

verbraucht
verhaucht
verschwommen
voll

warm
weiblich
weich

zittrig

D wie „Deutlichkeit“

Ist es Ihnen schon einmal passiert, dass Sie von Ihren Zuhörern aufgefordert wurden, „bitte lauter!“ zu sprechen? Vielleicht haben Sie in dieser Situation gar nicht zu leise gesprochen, sondern schlicht und einfach nicht deutlich genug artikuliert!

Wenn Sie nuscheln, können Sie an Lautstärke noch so sehr zulegen – man wird Sie dennoch nicht besser verstehen. Im Gegensatz dazu müssen Sie, wenn Sie gut und deutlich artikulieren, nicht einmal besonders laut sprechen, um gut gehört zu werden. Artikulieren Sie deutlich! So erleichtern Sie Ihrem Publikum das Zuhören und schaffen sich selbst einen angenehmen Nebeneffekt: Sie schonen Ihre Stimme!

Aktivieren Sie, bevor Sie anfangen zu sprechen, Ihre Artikulationsorgane (Zunge, Lippen, Gaumen, Zähne, Zäpfchen).

Übung 1: Gummigesicht

Bewegen Sie Ihr Gesicht. Nehmen Sie die Gesichtsmuskeln einzeln wahr: Legen Sie die Stirn in Falten, rümpfen Sie die Nase, ziehen Sie die Augenbrauen hoch. Spannen Sie die einzelnen Muskeln kurz an und entspannen Sie sich danach wieder.

Übung 2: Zunge kreisen

Lassen Sie Ihre Zunge kreisen. Der Mund bleibt dabei geschlossen, die Zunge bewegt sich und berührt dabei die Wangen und die Zähne.

Übung 3: Lippenflattern

Sagen Sie „brrrrrrrr“, dabei vibrieren Ihre Lippen. Tun Sie es ganz ohne Druck.

Übung 4: Kiefermuskeln lockern

Streichen Sie dazu die Kaumuskulatur von oben nach unten mit den Fingern aus. Deutliches Artikulieren funktioniert nur, wenn die Kiefermuskeln richtig locker sind!

Übung 5: Kussmund

Bewegen Sie die Lippen. Formen Sie den Mund zum Fischmaul, ziehen Sie die Lippen ein, machen Sie einen Kussmund.

Übung 6: Reden ohne Ton

Sprechen sie lautlos. Stellen Sie sich dabei vor einen Spiegel und formen Sie Wörter. Übertreiben Sie, geben Sie aber keinen Ton von sich!

Übung 7: Die Korken-Übung

Nehmen Sie einen Korken zwischen die Schneidezähne und beißen Sie so fest zusammen, dass Sie den Korken zwischen den Zähnen halten können, sich Ihre Kiefermuskulatur aber noch nicht vollends verspannt.

Versuchen Sie, möglichst langsam und vor allem deutlich zu sprechen. Dazu müssen Sie die Vokale und Konsonanten natürlich sehr sorgfältig und genau formen. Nachdem Sie den Text ein paar Mal gesprochen haben, nehmen Sie den Korken aus dem Mund. Wiederholen Sie nun den Text ohne Korken. Sie werden einige Veränderungen bemerken:

Sie können besser auf die einzelnen Konsonanten zugreifen, außerdem werden die Schärfenunterschiede zwischen „b" und „p", „d" und „t", „g" und „k" deutlich hörbar. Bestimmt ist auch Ihre Kiefermuskulatur beweglicher geworden und es fällt Ihnen viel leichter, deutlicher zu artikulieren.

Wiederholen Sie diese Übungen immer wieder. Vergessen Sie aber nicht, zwischen den Übungen Pausen einzulegen!

D wie „Dialekt“

Eine häufig gestellte Frage in meinen Seminaren: „Stört es, wenn ich im Dialekt spreche?“ Eindeutige Antwort: „Jein!“ Es existiert in der Dialektfrage keine allgemeingültige Regel. Meine Meinung: Ob es angebracht ist, im Dialekt zu sprechen oder nicht, hängt
1. von der Situation, 2. von Ihrem Publikum und 3. von Ihnen als Typ ab.

Faustregel: Bleiben Sie sich selbst treu!
Vielleicht sind Sie ein Mensch, der NIE Hochdeutsch spricht. Dann reden Sie bitte auch in Auftrittssituationen im Dialekt.

Ausnahmesituationen:

1. Ihre Zuhörer verstehen Ihren regionalen Dialekt nicht, (Ja, Vorarlberger sind in diesem Punkt leider ein wenig benachteiligt!) In diesem Fall müssen Sie wohl oder übel Hochdeutsch sprechen.
2. Sie sind beruflich dazu gezwungen, immer wieder in einem Rahmen öffentlich zu reden, der Hochsprache erfordert. Sprechen Sie aber niemals auf einer Bühne Hochdeutsch, ohne es vorher trainiert zu haben, wenn Sie üblicherweise im Dialekt sprechen! Im Anhang finden Sie Literaturhinweise und Adressen, die Ihnen diesbezüglich weiterhelfen.

Sie werden Ihr Publikum nur überzeugen oder berühren, wenn Sie „echt“ sind. Das schönste Kompliment, das Sie als Redner bekommen können, ist: „Du warst auf der Bühne so, wie ich dich kenne!“ Wenn Sie auf der Bühne vollkommen anders sprechen als im normalen Leben, sind Sie nur noch damit beschäftigt, ja alles richtig auszusprechen, und sind letztendlich überhaupt nicht mehr Sie selbst. Das ist schade, schließlich hat man Sie engagiert, weil man Sie als Person schätzt und hören will: so, wie Sie sind!

Das Gleiche gilt auch andersrum: Wenn Sie nie im Dialekt sprechen, sondern zu 100 Prozent in der Hochsprache zu Hause sind, bleiben Sie auch während Ihrer Rede dabei! Manche Redner wollen Ihrem Publikum signalisieren: „Hey, ich bin einer von euch!“, indem Sie plötzlich beginnen, spontan mit Mundartausdrücken um sich zu werfen. Das wirkt meist recht peinlich und anbiedernd und schafft letzten Endes nicht Nähe, sondern Distanz.
Vielleicht gehören Sie aber auch zu denjenigen, die beides ganz selbstverständlich verwenden: Hochdeutsch und Dialekt. Dann können Sie auch auf der Bühne variieren.

Die Frage „Dialekt: ja oder nein" verunsichert Sie und bereitet Ihnen Kopfzerbrechen? Machen Sie sich keine Sorgen; wenn Sie sich auf Ihr Publikum einlassen, werden Sie ganz automatisch die richtige Sprache wählen.
Und: Regionale Einfärbungen darf man meiner Meinung nach immer hören. Mir persönlich gefällt es, wenn ich raushöre, dass jemand aus Tirol kommt oder aus Kärnten oder aus Berlin. Ein „sprachlicher Farbtupfen" verleiht dem Sprechenden eine persönliche Note und macht die Welt so schön bunt!

D wie „Diphthonge"

Ein Diphthong (aus dem Griechischen – Dis: „zweimal", phthongos: „Laut") ist ein Doppellaut (Zwielaut) aus zwei Vokalen: „au", „ei" und „eu". Diphtonge werden anders ausgesprochen als geschrieben.

„AU": Wir sprechen ein kurzes A und ein geschlossenes O: AO. (Maus = Maos, Haus = Haos, Baum = Baom, Zaun = Zaon, Laune = Laone, Auge = Aoge, Augenbraue = Aogenbraoe, Laubbaum = Laobbaom)
„EI": Auch hier weicht die Aussprache vom Schriftbild ab. Und zwar ganz gewaltig! Gesprochen wird „ei" nämlich „AE"! Zuerst kommt ein kurzes A, dann ein geschlossenes E. (Meinung = Maenung, sein = saen, Leiter = Laeter, vermeiden = vermaeden, leise = laese, zeigen = zaegen, beide = baede, Freiheit = Fraehaet)
„EU": Wir sprechen ein kurzes O und schließlich ein unbetontes Ö: OÖ. (Freude = Froöde, Freunde = Froönde, Meute = Moöte, heute = hoöte, neu = noö, Feuer = Foöer)

E wie „Ernährung"

Unsere Stimme ist ein sehr sensibles Instrument, daher reagiert sie natürlich auch darauf, was wir essen. Folgende Nahrungsmittel beeinflussen unsere Stimme nicht gerade positiv: Kaffee, Alkohol, Cola, Schokolade, weißer Zucker, zu viel Salz, scharfes Essen: Pfeffer, Curry, Paprika und Glutamate. Milchprodukte, also Milch, Joghurt und Käse haben eine verschleimende Wirkung.
Sind Sie jetzt schockiert, weil Ihnen das Leben eines professionellen Redners ziemlich spaßfrei vorkommt? Alles halb so wild! Sie können die oben genannten Nahrungsmittel natürlich weiterhin genießen. Aber mit Maß und Ziel – und nicht unmittelbar vor einer öffentlichen Redesituation!

F wie „flüstern“

Flüstern Sie, wenn sie heiser sind, um die Stimme zu entlasten? Gut gemeint, aber leider alles andere als optimal! Beim Flüstern verstärkt sich der Druck auf die Stimmbänder – und die sind im Falle einer Heiserkeit ohnehin schon angegriffen.
Besser als flüstern: Artikulieren Sie besonders deutlich und sprechen Sie mit möglichst wenig Druck auf die Stimmbänder. Oder: Schweigen Sie!

F wie „funktionelle Stimmstörungen“

Bestimmt mussten Sie schon einmal einem Redner zuhören, der so heiser war, dass ihm beinahe die Stimme weggeblieben ist. Wahrscheinlich hatten Sie permanent das Bedürfnis, sich zu räuspern, obwohl mit Ihrer Stimme im Grunde alles in Ordnung war. Stimm- und Sprechstörungen sind nicht nur für den Sprecher, sondern auch für den Zuhörer eine Qual und machen eine gute Kommunikation beinahe unmöglich.
Zu den „funktionellen Stimmstörungen“ gehören Veränderungen im Stimmklang, die durch „falschen“ Gebrauch der Stimme entstehen. Sie zeigen sich durch Heiserkeit und indem Sie sich beim Sprechen extrem anstrengen müssen.
Eine gesunde Stimme wird nicht von heute auf morgen krank und heiser. Stimmstörungen entstehen durch jahrelange „falsche“ Gewohnheiten. Dazu gehören Pressen, halsiges Sprechen, Knödeln, Näseln und überhöhtes oder zu tiefes Sprechen.

G wie „gähnen“

Zum Sprechen brauchen wir eine entspannte und lockere Kiefermuskulatur. Diese bekommen sie, wenn Sie mehrmals am Tag so richtig genussvoll und ausgiebig gähnen. Auch um die Stimme in der Früh aufzuwecken und in Schwung zu bringen, ist Gähnen eine wunderbare Methode.

Übung:

Führen Sie Ihre Arme über dem Kopf zusammen. Während Ihre ausgestreckten Arme langsam nach unten wandern, gähnen Sie laut. Geben Sie beim Gähnen einen Ton von sich. Fangen Sie in einer hohen Lage der Stimme an und rutschen Sie nach unten.

Übrigens: Beim Gähnen wird auch Ihr Zwerchfell aktiviert!

H wie „Heiserkeit“

Klar: Bei Erkältung und Heiserkeit sollte man die Stimme möglichst schonen. Aber was tun, wenn das nicht möglich ist; wenn Sie trotzdem reden müssen, weil zum Beispiel eine wichtige Präsentation im Terminkalender steht? Ich habe dazu die erfahrene Logopädin und Stimmtrainerin Sanne Stria befragt. Sie empfiehlt folgendes Notfallprogramm:

1. Inhalieren (zum Beispiel mit Eibischwurzel).
2. Viel trinken, am besten stilles Wasser.
3. Nicht schreien.
4. Den körperlichen Zustand ansprechen, das heißt dem Publikum sagen, dass Sie krank sind.
5. Die Stimme durch eine deutliche Sprechweise entlasten.

Bei anhaltender Heiserkeit sollten Sie unbedingt einen HNO-Arzt oder einen Logopäden aufsuchen!

Wird Ihre Stimme während des Sprechens nicht krankheitsbedingt, sondern aus Überanstrengung heiser, artikulieren Sie besonders deutlich und sprechen Sie erst mal einfach weiter, vielleicht löst sich der Frosch. Räuspern Sie sich niemals, Räuspern ist äußerst schlecht für die Stimmbänder und führt lediglich dazu, dass Sie noch heiserer werden. Besser: ein Mal husten.

Übungen gegen Heiserkeit:

1. Summen Sie leise auf mmmmmmmm. Stellen Sie sich dabei vor, dass Sie den Ton nicht „wegschieben“, sondern zu sich herziehen!

2. Sagen Sie ein paar Mal mit interessiertem Gesichtsausdruck: „mhm“!

I wie „Indifferenzlage“

Jeder Mensch hat seine individuelle Stimmlage, die „Indifferenzlage“. In dieser können Sie mit kleinstmöglichem Aufwand an Muskelspannung der Kehlkopfmuskulatur und Atemdruck sprechen. Unsere Stimmlippen schwingen so, dass uns Sprechen nicht anstrengt. Vielleicht haben Sie schon einmal beobachtet, dass Sie beim Reden ein unangenehmes Gefühl in der Halsgegend bekommen und Ihre Stimme nicht lange durchhält. Ein möglicher Grund dafür könnte sein, dass Sie entweder zu hoch oder zu tief sprechen. Das kommt im Alltag schon mal vor, wenn wir unser inneres Gleichgewicht verlieren und gestresst und nervös sind, uns geistig besonders engagieren oder emotional sprechen. Solange es nicht zu oft passiert, ist das auch kein Problem. Auf die Dauer schadet überhöhtes oder zu tiefes Sprechen jedoch der Stimme.

Bewegen wir uns in der Indifferenzlage, können wir mühelos stundenlang sprechen, ohne heiser zu werden oder die Stimme zu verlieren. Dazu ist es notwendig, seine individuelle Stimmlage zu kennen.

Übung:

Am besten finden Sie Ihre individuelle Stimmlage in einer Situation, in der Sie sich entspannt, ja beinahe schon ein wenig gelangweilt fühlen.

Nehmen Sie also eine entspannte Körperhaltung ein, legen Sie eine Hand locker auf den Bauch, spüren Sie, wie sich beim Atmen die Bauchdecke hebt und senkt, und sagen Sie dann ganz ungezwungen und unangestrengt einige Male „mhm“ und „aha“.

Durch die entspannte Situation treffen Sie mit großer Wahrscheinlichkeit Ihre Stimmlage. Die Indifferenzlage habe Sie dann gefunden, wenn der Ton bei mehrmaligem Wiederholen quasi von selbst immer in gleicher Höhe erklingt.
Dass Sie in Ihrer individuellen Stimmlage sprechen, können Sie daran bemerken, dass Ihre Stimme nun tief aus Ihrer Körpermitte kommt und Sie sich beim Sprechen ganz einfach wohlfühlen. Sprechen Sie in der Indifferenzlage, wirken Sie authentisch und souverän. Die Zuhörer nehmen Ihre Stimme als angenehm wahr und hören Ihnen gerne zu!

Diese Übung können Sie auch machen, wenn Sie merken, dass Sie wieder einmal ein wenig „außer sich“ geraten sind und sich sammeln möchten!

Übrigens: Die Indifferenzlage umfasst nicht nur einen einzigen Ton, denn das würde ja doch recht eintönig klingen. Vielmehr bewegt sie sich im Bereich einer großen Terz.

J wie „junge Stimme“

Ihre Stimme ist Ihre Visitenkarte. Also wäre es von Vorteil, wenn Ihre Stimme vital und lebendig klingt statt verbraucht und müde. Die ultimativen „Do's“ & „Don´ts“ für Ihre Stimme:

JA BITTE!

+ Inhalieren: Ist besonders in Erkältungszeiten angesagt und dann, wenn Sie häufig in klimatisierten Räumen sprechen müssen.
+ Viel trinken: Immer und überall.
+ Die Stimme dauernd befeuchten. Sie merken, dass Ihre Kehle trocken wird, und es ist gerade nicht möglich, einen Schluck Wasser zu trin-

ken. Stellen Sie sich vor, Sie beißen in eine Zitrone und schmecken ihren Saft. Sofort beginnt Ihr Speichel zu fließen.

+ Ausgewogene Ernährung.
+ Genug Schlaf: Je gesünder und fitter unser Körper ist, desto besser kann er uns beim Sprechen unterstützen. Die Bauchatmung, eine aufrechte Haltung und ein positives Körpergefühl entlasten die Stimme!
+ Die optimale Luftfeuchtigkeit zum Sprechen: 50 bis 65 Prozent. Sorgen Sie also für ausreichend hohe Luftfeuchtigkeit! Hängen Sie zum Beispiel Ihre Wäsche zum Trocknen ins Schlafzimmer oder organisieren Sie sich einen Luftbefeuchter.

NEIN DANKE!

- Rauchen
- Zu viel Alkohol
- Schreien
- Scharfe Nahrungsmittel: Zugegeben – ohne Curry, Pfeffer, Paprika und Salz wäre der kulinarische Teil unseres Leben ziemlich öde. Setzen Sie diese Gewürze in Zeiten, in denen Sie viel reden müssen, jedoch sparsam ein!
- Überhitzte Räume: 20 bis 22 Grad ist die Idealtemperatur zum Sprechen.
- Klimatisierte Räume. Wenn es nicht anders möglich ist, weil Sie zum Beispiel in einem klimatisierten Büro arbeiten, achten Sie darauf, dass Sie viel trinken!

Ich selbst arbeite seit über zehn Jahren in einem – klimatisierten – Radiostudio. Meine Wasserflasche ist zu meinem treuesten Begleiter geworden. (Ideal sind Flaschen mit Sportverschlüssen!) Während einer vierstündigen Sendung trinke ich ca. 1 1/2 Liter stilles Wasser.

K wie „Kehlkopf“

Der Kehlkopf ist das wichtigste Organ für die Stimmerzeugung. Er besteht aus mehreren Knorpeln (Schildknorpel, Ringknorpel, zwei Stellknorpel, Kehldeckel), die durch Bänder und Membranen miteinander verbunden sind, und einer großen Anzahl von Muskeln. Wird der Kehlkopf zu stark belastet, kann das zu Heiserkeit führen. In diesem Fall: Schonen Sie den Kehlkopf, indem Sie entweder schweigen oder möglichst wenig sprechen! Ist der Kehlkopf sogar entzündet, gehören Sie unbedingt zum HNO-Arzt.

K wie „Konsonanten"

Das Wort „Konsonant" kommt vom lateinischen Wort „consono" und bedeutet „zusammentönen". Zum Tönen braucht der Konsonant einen Vokal, nur so kann er sich voll entfalten.

Konsonanten teilen sich in folgende Gruppen:

- Klinger (j, l, m, n, r, w): Bei den Klingern müssen Sie darauf achten, dass Sie sie niemals gepresst, sondern ganz locker aussprechen. Beim „W" beispielsweise sollten Sie die Schneidezähne nicht auf die Unterlippe pressen, beim „M" und „N" liegen die Lippen ganz locker aufeinander. Die Klinger „m" und „n" spüren Sie bis in die Stirnhöhlen, wenn Sie sie richtig bilden.
- Reiblaute (h, s, sch, f, v sowie das vordere ch): Reiblaute sind Ihnen vielleicht schon einmal unter der Bezeichnung Gaumen-, Hauch-, Lippen-, Zisch- und Zungenlaute begegnet. Auch das ist korrekt. Die Gruppe der Reiblaute ist übrigens tonlos.
- Verschluss- oder Explosivlaute (b, p, d, t, g, k, q und das hintere ch): Artikulieren Sie diese Konsonanten gut, damit sich die harten Laute (p, t, k) deutlich von den weichen (b, d, g) unterscheiden.
  B – P Boot – Pinsel
  D – T Drehen – trinken
  G – K Gaumen – kauen

L wie „Lärm"

Es ist sehr anstrengend, in einer lauten Umgebung zu sprechen. Vor allem Lehrer kennen das Problem: Sie stehen vor einer Horde Lärm erzeugender Kinder oder Jugendlicher und müssen sich irgendwie Gehör verschaffen. Meistens versuchen sie das, indem sie immer lauter sprechen und den Druck auf die Stimmbänder verstärken. Was passiert? Die Klasse hört kei-

neswegs auf zu reden, sondern ganz im Gegenteil: Der Lärmpegel steigt. Und die Spirale setzt sich weiter fort: Lärmpegel ist weiter angestiegen, also spricht Lehrer noch lauter, Lärmpegel steigt weiter, Lehrer spricht mit noch mehr Druck auf die Stimmbänder und muss beinahe schon schreien, um noch irgendwie gehört zu werden, Lärmpegel steigt weiter, Lehrer wird heiser.
Kein Wunder, dass viele Lehrer mit Stimmstörungen zu kämpfen haben!

Was können Sie tun, um sich das Sprechen vor einer großen Gruppe einfacher zu gestalten und dabei Ihre Stimme zu schonen?

1. Schreien Sie niemals gegen den Lärm an.
2. Warten Sie mit Ihrem Vortrag, bis das Publikum aufgehört hat zu reden und Sie die volle Aufmerksamkeit haben.
3. Hören Sie dem Lärm bewusst zu. Können Sie einzelne Geräusche oder Stimmen heraushören? Stellen Sie sich vor: Das Stimmengewirr ist ein Orchester, Sie sind der Solist, der zur Begleitung des Orchesters singt (in Ihrem Fall: spricht).
4. Kommunizieren Sie, bevor Sie zu sprechen beginnen, erst mal ausschließlich über Ihre Augen. Ein wichtiger Faktor für Präsenz ist der Blick. Unsere Stimme folgt immer den Bewegungen unseres Körpers! Schauen Sie sich also, wenn Sie vor einer lärmenden Gruppe stehen, niemals unsicher und „einfach so“ um, sondern setzen Sie Ihren Blick ganz bewusst ein. Ist Ihr Blickverhalten, also Ihre nonverbale Kommunikation, klar, sind es Ihre stimmlichen Aussagen auch. Unterscheiden Sie zwischen folgenden Möglichkeiten, den Blick einzusetzen:
   - Ihr Blick ist ganz klar nur auf eine einzelne Person gerichtet. Das bedeutet für die Stimme: „Ich spreche eine Person an.“
   - Der Blick ist offen, konzentriert sich aber auf eine Person. Das, was Sie sagen, ist hauptsächlich für diesen einen Menschen bestimmt, soll aber für die Gruppe hörbar sein bzw. gilt für die ganze Gruppe.
   - Der Blick ist vollkommen geöffnet. Sie sprechen zu allen im Raum Anwesenden.
5. Stehen Sie aufrecht, aber nicht verkrampft. Machen Sie den schnellen „Körper-Check“, den ich unter dem Stichwort „Aufrechte Haltung“ beschrieben habe. Konzentrieren Sie sich kurz auf Fußsohlen, Knie, Becken, Schultern, Kopf.
6. Suchen Sie sich einen Punkt im hintersten Teil des Raumes. Bis zu diesem Punkt muss Ihre Stimme reichen, denn Sie wollen ja den ganzen Raum beschallen und nicht nur das vordere Drittel! Der Grund dafür,

dass das Publikum während einer Rede eine private Unterhaltung beginnt, ist oftmals der, dass der Vortragende in den hinteren Reihen akustisch nicht mehr wahrnehmbar ist. Also klinken sich die Zuhörer aus und beginnen sich mit sich selbst zu beschäftigen. Das können Sie ganz leicht verhindern, indem Sie mit Ihrer Stimme jeden Einzelnen im Raum erreichen – auch die Zuhörer in den hintersten Reihen.

7. Artikulieren Sie besonders deutlich.
8. Hören Sie sich beim Sprechen zu. Achten Sie darauf, dass Sie Ihre Stimme nicht überanstrengen! Wenn Sie merken: „Oje, das Gefühl im Hals wird schon wieder unangenehm", nehmen Sie den Druck auf Ihre Stimme zurück und sprechen Sie dafür noch deutlicher.

M wie „Maske"

Als „Maske" bezeichnet man die Resonanzräume vor dem Gesicht. Der Stimmansatz sollte beim Sprechen immer vorne sein. Dann klingt die Stimme locker, hell und klar. Rutscht der Stimmansatz hingegen nach hinten, wirkt der Stimmklang gedämpft, dunkel oder geknödelt.
Diesen „Vordersitz" der Stimme können Sie trainieren:

Übung:

Massieren Sie Ihr Gesicht, und zwar die Stirn, den Mundbereich, Nase und Ohren. Halten Sie danach Ihre Hände vor das Gesicht und spüren Sie die Wärme!

N wie „Nikotin"

Dass Nikotin für niemanden von uns gut ist, ist kein Geheimnis. Nikotin schadet auch Ihrer Stimme! Das haben Sie wahrscheinlich auch schon mal gehört. Aber wissen Sie auch, warum? Der gesamte Atemapparat einschließlich Kehlkopf ist mit Schleimhaut ausgekleidet. Die Schleimhaut kann nur optimal funktionieren, wenn der Feuchtigkeitsstatus stimmt. Und Rauchen trocknet aus! Nach einer Zigarette braucht die Schleimhaut Stunden, um ihren Idealzustand im Sprechapparat wiederherzustellen. Der inhalierte Rauch schädigt außerdem die Flimmerhärchen in der Luftröhre.

Sie wollen mithilfe von Nikotin eine erotische Stimme bekommen? Vergessen Sie's!

O wie „Obertöne"

Obertöne verleihen unserer Stimme einen individuellen Klang. Gelangen die Schallwellen, die im Kehlkopf entstehen, durch den Rachenraum in Mund und Nase, sind sie in unseren Resonanzräumen angelangt. Wenn sie sich dort ausbreiten, wird die Frequenz mit Obertönen angereichert. So entsteht Klang.

P wie „Pausen"

Keine Angst vor Pausen! Pausen erleichtern dem Redner das Reden – und dem Zuhörer das Zuhören. Pausen geben dem Redner die Möglichkeit, seine Rede kreativ zu gestalten, und dem Zuhörer die Chance, das Gehörte besser zu verstehen und zu verinnerlichen. Durch Pausen beginnt eine Rede erst so richtig zu leben.

21 – 22 – 23. In der Rolle des Redners kommt einem eine Pause von drei Sekunden vor wie eine Ewigkeit. „Kann ich SO lange vor meinem Publikum stehen und ganz einfach nichts tun?", fragen Sie sich vielleicht. Können Sie – Sie tun während einer Sprechpause nämlich nicht NICHTS. Auch wenn Sie nicht reden, kommunizieren Sie weiter: durch Ihren Blick, Ihre Körperhaltung, Ihre Gestik. „Man kann nicht nicht kommunizieren", sagte einst schon der berühmte Kommunikationswissenschaftler Paul Watzlawick.

Und keine Angst, das Publikum nimmt diese drei Sekunden nur als so lange wahr, wie sie tatsächlich sind, und schweift gedanklich nicht gleich ab, sobald Sie für einen Moment keinen Ton von sich geben. Ganz im Gegenteil: Pausen können die Aufmerksamkeit des Publikums noch erhöhen: Was wird sie/er uns als Nächstes Spannendes erzählen?

Wichtig: Setzen Sie Ihre Pausen bewusst und „stolpern" Sie nicht in eine unfreiwillige Pause, weil Ihnen die Luft ausgeht oder Sie nicht mehr weiterwissen.

Vor allem ungeübten Rednern, die gerne auf Nummer sicher gehen, empfehle ich, sich schon bei der Vorbereitung zu überlegen, wo Sie Pausen machen möchten. Nützen Sie diese Pausen als kleine Erholungsinseln für sich – ohne jedoch die Spannung zu verlieren. Mit „Spannung" meine ich an dieser Stelle nicht Anspannung, sondern vielmehr Konzentration und den Kontakt zum Publikum.

Geben Sie Ihrem Atem während dieser Erholungspausen die Zeit, von allein in Ihren Bauch zu fließen, nehmen Sie für einen kurzen Moment Ihre Fußsohlen wahr – das sorgt für Bodenhaftung. Lockern Sie Ihre Schultern und betrachten Sie Ihr Publikum. Stehen Sie aufrecht (könnten Sie jetzt eine Krone auf dem Kopf balancieren, ohne dass sie runterfällt?), straffen Sie Ihre Schultern und öffnen Sie den Brustkorb. So sorgen Sie für körperliche Präsenz.

Denken Sie daran: Als Redner haben SIE es in der Hand, wann Sie Pausen machen und wie lang diese Pausen dauern. Lassen Sie sich nicht aus der Ruhe bringen!
Sie werden mit der Zeit richtig Spaß daran bekommen, während Ihrer Rede Pausen zu setzen – Mut zur Pause zeugt von Souveränität!

P wie „pressen"

Sie kennen wahrscheinlich Sprecher, denen Sie gar nicht gerne zuhören, weil ihre Stimme hart, knarrend und gequetscht klingt. Diese Sprecher pressen. Man sieht ihnen die Anstrengung beim Sprechen förmlich an, manchmal bekommen sie sogar einen roten Kopf und am Hals werden die Verspannung der Muskeln und der gestauten Venen sichtbar.
Solche Sprecher sind nicht nur für die Zuhörer eine Zumutung, sie tun sich auch selber weh. Der ernorme Kraftaufwand verhindert nämlich das freie Muskelspiel im Kehlkopf und schädigt die Organe. Besonders dann, wenn Redner etwas laut oder mit besonderem Nachdruck sagen wollen, beginnen sie zu pressen.

Was können Sie verhindern, dass Sie zum „Presser" mutieren?

1. Achten Sie darauf, dass Ihr Atem während Ihrer Rede locker fließt. Lassen Sie den Atem „von alleine kommen" und schnappen Sie nicht nach Luft. Atmen Sie in den Bauch!
2. Artikulieren Sie besonders deutlich!

R wie „Resonanz"

Das Wort „Resonanz" bedeutet „zurücktönen". Erzeugen Sie einen Ton, passiert gar nichts, wenn kein Resonanzkörper vorhanden ist, der den Klang leiten kann. Je entspannter Sie beim Sprechen sind, desto durchlässiger ist Ihr Körper für die Schwingungen, die vom Kehlkopf ausgehen. Je mehr Körperanteile (Kopfräume, Knochen, Schleimhäute, Brustbein, Lunge) durch die Stimmfrequenz zum Mitschwingen gebracht werden, desto voller wird der Klang! Sie müssen dann nicht lauter sprechen, Ihre Stimme wird trotzdem den Raum füllen.

Resonanzübungen:

1. *Gehen Sie in die sogenannte „Käferstellung" und summen Sie vor sich hin. Spüren Sie dabei die Vibrationen im ganzen Körper. Variieren Sie die Haltung und nehmen Sie die Unterschiede wahr!*
2. *Schließen Sie Ihre Augen und summen Sie ganz leise auf „m", „n" oder „ng". Legen Sie dabei an verschiedenen Körperstellen die Hände auf, zum Beispiel auf Gesicht oder Brustkorb. Fühlen Sie die Vibrationen! Vergleichen Sie die Laute miteinander: Bei welchem Laut (m, n, ng) nehmen Sie die Vibrationen am besten wahr?*
3. *Gute Resonanzübungen sind auch Übungen mit lang gehaltenen Konsonanten:*
   Lllllllllllllllla ... Llllllllllllllllle ... Llllllllllllllllo ... Llllllllllllllllu
   Llllllllllllllllü ... Lllllllllllllllli

Üben Sie dabei keinen Druck aus!

Mmmmmmma ... Mmmmmmme ... Mmmmmmmo ...
Mmmmmmmu ... Mmmmmmmü ... Mmmmmmmi

Die Lippen liegen beim „m" locker aufeinander. Die Lippen nicht gegeneinander pressen!

Nnnnnnnnna ... Nnnnnnnnne ... Nnnnnnnnno ... Nnnnnnnnnu ...
Nnnnnnnnnü ... Nnnnnnnnni

Auch das „N" sollten Sie ganz locker und ohne Druck aussprechen!

Wwwwwwwa ... Wwwwwwwe ... Wwwwwwwo ... Wwwwwwwu ...
Wwwwwwwü ... Wwwwwwwi

Legen Sie beim „W" nicht die Schneidezähne auf die Unterlippe! Die Schneidezähne berühren die Unterlippe nur ganz leicht und von hinten. All diese Resonanzübungen können Sie beim Üben gut miteinander kombinieren. Gehen Sie zum Beispiel in die Käferstellung und sprechen Sie „Llllllllla", „Lllllle", „Llllllllo" usw.)

S wie „Schultern"

Achten Sie beim Sprechen immer darauf, dass Sie die Schultern nicht hochziehen! Das passiert, wenn wir zum Beispiel angespannt und nervös, aber auch sehr konzentriert sind. Sind die Schultern hochgezogen, verkrampfen sich Nackenmuskulatur und Brustkorb und wir können nicht mehr frei atmen. Das wiederum führt zu Kurzatmigkeit und verhindert einen vollen Stimmklang. Lassen Sie Ihre Schultern locker fallen. Sie werden bemerken, dass Ihr Atem sofort wieder besser in den Bauch fließen kann und Ihre Stimme voluminöser und vielleicht sogar ein wenig tiefer klingt.

S wie „schweigen“

Sie wundern sich vielleicht darüber, diesen Punkt in einem Buch vorzufinden, in dem es doch eigentlich ums Reden geht. Schweigen gehört zum Reden. Reden hat seine Zeit, schweigen auch. Ein achtsamer Redner spürt, wenn der Moment gekommen ist, zu schweigen.

S wie „Stimmeinsatz“

Der Stimmeinsatz ist der Moment, in dem Sprechen beginnt. In diesem Moment gehen die Stimmlippen vom schwingungslosen Zustand in den Schwingungszustand über.
Es gibt drei Arten des Stimmeinsatzes.

1. Der gehauchte Einsatz: entsteht durch ein Reibegeräusch, wenn Ausatemluft durch die geöffneten Stimmlippen strömt (z. B. bei den Wörtern „Haus“ oder „haben“).
2. Der weiche Einsatz: Ein lockerer Stimmlippenverschluss wird durch den Druck der Ausatemluft, der die Stimmlippen in sanfte Schwingung versetzt, gelöst. (z. B. „sagen“, „singen“).
3. Der feste Einsatz, auch „Glottisschlag“ genannt: entsteht, wenn ein fester Stimmlippenverschluss plötzlich gelöst (gesprengt) wird (z. B. bei „achten“).

T wie „Tonqualität“

Es ist spannend, zu beobachten, wie sehr die Tonqualität mit der Körperhaltung zusammenhängt. Ändern Sie Ihre Körperhaltung, ändert sich der Klang Ihrer Stimme.

Probieren Sie dazu folgende Übung aus:

Nehmen Sie eine aufrechte und bequeme Körperhaltung ein, legen Sie den Kopf ganz in den Nacken und tönen Sie in mittlerer Stimmhöhe ein „O“. Nach einer Weile senken Sie langsam das Kinn, bis es das Brustbein berührt. Wiederholen Sie die Übung jetzt in umgekehrter Reihenfolge: Das Kinn liegt ganz nah beim Brustbein und der Kopf bewegt sich so lange nach hinten, bis er wieder im Nacken liegt.

Sie werden beobachten, dass sich die Tonqualität während dieser Übung stark verändert. Am besten ist Sie, wie Sie während dieser Übung bestimmt gehört haben, wenn Sie das Kinn in der Mittelposition halten. Also so, dass Ihnen Ihre imaginäre Krone nicht vom Kopf fällt. (Siehe Übung „Krone“ unter dem Stichwort „Aufrechte Haltung“ auf Seite 52.)

V wie „Vokale"

Die Vokale bestimmen den Klang unserer Sprache. Es gibt helle und dunkle, offene und geschlossene Vokale, lang und kurz ausgesprochene.

„A": Das „A" wird entweder kurz (also, Ast, Halle) oder lang (baden, Tat, sagen) ausgesprochen.

„E": Beim „E" gibt es folgende Varianten:
- kurz mit offenem Klang (Ente, Geld, Held)
- geschlossen (sehr, See, beschweren)

„I": Auch das „I" sprechen wir entweder lang (mir, Igel, Augenlid) oder kurz (Schiff, Milch, ich).

„O": Wir unterscheiden zwischen einem geschlossenen, langen „O" (Lob, Boden, Ofen) und einem offenen, kurzen „O" (Holz, Ort, kommen).

„U": Das „U" ist der dunkelste Vokal. Wir sprechen das „U" entweder lang und geschlossen (Mut, gut, tut) oder kurz und offen (Mutter, Zucker, kurz).

W wie „Wortschatz"

Je mehr Worte Sie zur Verfügung haben, desto besser und treffender können Sie Ihre Gedanken, Botschaften, Anregungen und Wünsche formulieren. Ein großer aktiver Wortschatz ermöglicht uns beim Reden Beweglichkeit.

Die folgenden Übungen helfen Ihnen, Ihren Wortschatz zu erweitern:

Übungen:

1. *Lesen Sie laut.*
   Nehmen Sie sich eine Zeitung oder ein Buch und lesen Sie alles, was Sie lesen, laut. Der aktive Wortschatz ist jener Wortschatz, den wir tatsächlich benützen. Beim lauten Lesen sind SIE aktiv. Haben Sie ein Wort einmal laut ausgesprochen, werden Sie es leichter reproduzieren.
2. *Ergänzen Sie zu jedem Substantiv ein Adjektiv bzw. ein Adverb. Zum Beispiel:*
   - *Das Publikum klatschte Beifall. Das müde Publikum klatschte befreit Beifall.*
   - *Die Frau liest in einem Buch. Die junge Frau liest interessiert in einem dicken Buch.*
3. *Ersetzen Sie Verben in Sätzen. Tauschen Sie in Sätzen, die Sie in der Zeitung lesen, jedes Verb aus.*

Zum Beispiel:

- *Die Lust, Sport zu betreiben, hängt nicht vom Alter ab. Die Lust, sich körperlich zu betätigen, ist nicht ans Alter gekoppelt.*
- *Sie hat einen Artikel geschrieben. Sie hat einen Artikel verfasst.*
- *Er hat die Hauptrolle bekommen. Er hat die Hauptrolle ergattert.*

4. *Finden Sie innerhalb von zehn Minuten so viele zusammengesetzte Hauptwörter, die mit dem Wort „Schule“ beginnen, wie Ihnen einfallen. Das Bestimmungswort lautet „Schul“.*
   Also: Schulkind, Schulwart, Schulbus, Schulbuch, Schulferien, Schulabschluss, Schultüte, Schulschikurs, Schulausbildung, Schulinspektor, Schulsprecher, Schulbuffet, Schulhof, Schulärztin, Schulanfang, Schullaufbahn, Schulpflicht, Schuluniform ...
5. *Erweitern Sie Ihren Wortschatz durch assoziatives Denken.*
   Nehmen Sie einen Begriff und schreiben Sie Ihre Assoziationen dazu auf.
   - *BROT: Bäcker, Marmelade, Honig, Butter, Kruste, essen, Duft, Hunger, weich, Mehl, Dinkel, Vollkorn, Frühstück, Kaffee, Morgen, müde, Kakao, Tee, satt, Scheibe, Wecken, Baguette, Semmel ...*
   - *URLAUB: Planung, Meer, Bücher, Berge, Flugzeug, Geld, Koffer, Tasche, packen, Sonnenbrille, Bücher, schlafen, Ruhe, Reiseführer, Wanderausrüstung, Golf, schwimmen, Hitze, Impfungen, Ansichtskarte, Hotel, Flugtickets, Badeanzug, Reisebüro ...*

Z wie „Zwerchfell“

Das Zwerchfell ist unser größter und wichtigster Atemmuskel. Trotzdem können wir das Zwerchfell nicht spüren.

Beim Zwerchfell handelt es sich um eine kuppelartige Muskel-Sehnen-Platte, die den Brustraum von der Bauchhöhle trennt. Für die Ruheatmung gilt: Beim Einatmen spannt sich das Zwerchfell an und bewegt sich nach unten. Beim Ausatmen entspannt es sich und bewegt sich nach oben.

Bei der Sprechatmung ist das Ganze schon ein wenig komplizierter: Sprechen passiert nämlich immer auf der Ausatmung. Legen Sie eine Hand auf Ihren Bauch und beobachten Sie: Was geschieht mit Ihrer Bauchdecke, während Sie ein- und ausatmen? Genau: Beim Einatmen hebt sie sich, beim Ausatmen senkt sie sich. Warum ist das so?

Geht das Zwerchfell nach unten, müssen die Organe im Bauchraum Platz machen und werden nach außen gedrängt. Beim Ausatmen wandert das

Zwerchfell nach oben, die Organe rücken an ihre ursprüngliche Position, der Bauch ist wieder flach.
Sind wir nervös, verkrampft sich das Zwerchfell. Die folgende Übung lockert das Zwerchfell und hilft daher gut gegen Lampenfieber. Ich mache sie immer vor einem Auftritt. Der Vorteil dieser Übung ist, dass man sie überall machen kann, sogar wenn man sich mitten unter Menschen befindet. Es wird niemandem auffallen, wenn Sie üben.
Und so funktioniert's:

Übung: „Zwerchfell entspannen"

Atmen Sie einige Male schnuppernd ein und durch den Mund wieder aus. Bald darauf werden Sie bemerken, dass Sie ruhiger geworden sind!

Übung: „Zwerchfell aktivieren"

Aktivieren können Sie Ihr Zwerchfell durch Gähnen. Beim Gähnen vergrößern sich Mund- und Rachenraum, der Hals wird geweitet – und auch der Gürtelbereich. Genau jene Stellung, die der Bauch beim Gähnen einnimmt, brauchen wir, damit die Atmung fließen und uns beim Sprechen unterstützen kann.

Teil 2: BEWEGEN

Der Körper spricht immer!

Was erzählt uns ein Mensch, wenn er etwas sagt? Haben Sie auch manchmal „so ein Gefühl", dass Sie gerade belogen werden? Oder dass Ihre Freundin irgendwas bedrückt, obwohl sie behauptet, alles wäre gut?

Wir sprechen dann meistens von „Intuition" oder einem „guten Bauchgefühl". In Wirklichkeit aber haben wir wahrgenommen, was uns die Körpersprache unseres Gegenübers verraten hat.

Forscher haben herausgefunden, dass wir Worte zum Austausch von Informationen benützen, während unsere nonverbalen Signale auf der Beziehungsebene ankommen. Mit unseren Worten sprechen wir den Intellekt an, per Körpersprache senden wir alle „zwischenmenschlichen" Botschaften. Kein Wunder, dass in der Kommunikation das Thema „Körpersprache" in den letzten Jahrzehnten immer wichtiger geworden ist.

Allerdings passieren bei der Interpretation körpersprachlicher Signale auch Fehler; nämlich dann, wenn wir beginnen, Gesten isoliert von anderen Gesten oder ihren Begleitumständen auszuwerten.

Ein Beispiel: Verschränkte Arme können auf eine innere Abwehrhaltung hindeuten. Was aber, wenn die Außentemperatur –3 °C beträgt und ein eisiger Wind durch die Gassen weht? Dann ist der Frau, die neben Ihnen mit fest verschränkten Armen an der Ampel steht, höchstwahrscheinlich ganz einfach nur kalt. Oder wenn Ihre Kollegin während der Frühsitzung mit verschränkten Armen dasitzt? Vielleicht ist sie müde und findet diese Sitzhaltung bequem! Genau das ist die Gefahr beim Deuten von Gestik und Mimik – aber auch das Spannende!

Jede Geste kann mehrere unterschiedliche Bedeutungen haben. Um aus den Gesten eines Menschen zu lesen, um mehr über seinen Gefühlszustand und seine Einstellung zu erfahren, müssen wir diese im Kontext betrachten. In welcher Situation verwendet jemand eine bestimmte Geste? Welche Bewegungen hat der Redner vorher ausgeführt? Zwingt ihn seine Kleidung zu bestimmten Gesten? Ist er womöglich körperlich beeinträchtigt?

Übung:

Nehmen Sie Ihre eigenen Gesten wahr! Zum Beispiel während einer Sitzung, während eines Telefonats oder wenn Sie mit Freunden zu Abend essen. Machen Sie sich Ihre Gesten bewusst: Welche verwenden Sie besonders oft – haben Sie „Lieblingsgesten“? Welche Gesten würden Sie als „typisch für sich“ bezeichnen?

Beobachten Sie auch mehrmals am Tag die Gesten anderer Menschen. Das können Sie überall: im Supermarkt, wenn Sie vor der Kassa anstehen; im Kaffeehaus, bei einer Party, am Flughafen. Eben überall, wo viele Menschen zusammenkommen. Welche Emotionen können Sie erkennen? Was verraten Ihnen die Gesten der anderen Menschen über deren Absichten und Stimmung?

Nonverbale Signale hinterlassen einen fünfmal so starken Eindruck wie verbale. Oder, wie es Friedrich Nietzsche so treffend formuliert hat: „Man lügt zwar mit dem Mund, doch durch das, was man dabei sagt, sagt man doch die Wahrheit.“

Unser Körper schweigt nie. Er spricht immer – die Wahrheit. Keine Bewegung entsteht aus purem Zufall, denn unsere Gedanken sind untrennbar mit unserer Körpersprache verbunden. Auch wenn wir Gefühle nicht zeigen wollen, unser Körper tut es doch. Immer und überall.

Beantwortet ein Mensch Ihre Frage nach seinem Befinden mit: „Gut geht's mir!“ und steht dabei mit hängenden Schultern und eingesunkenem Brustkorb vor Ihnen, können Sie sicher sein, dass er flunkert.

Ich war vor einiger Zeit Gast auf einem großen Fest. Beim Gedränge durchs Gewühl bin ich auf einen alten Bekannten gestoßen. „Schön, dich zu sehen“, hat er gerufen, nachdem er mich entdeckt hatte, und mir war sofort klar: Er meint das nicht wirklich so. Sein Körper hat eine völlig andere Sprache gesprochen als sein Mund – die Sprache der Wahrheit nämlich. Woran ich das erkannt habe? Sein Oberkörper hat sich verkrampft, die Gesichtszüge sind eingefroren und nur sein Mund hat gelächelt. Die Augen sind komplett starr geblieben.
Egal, was wir durch unsere Worte behaupten – durch die Körpersprache wird, ob wir das wollen oder nicht, unsere momentane Stimmung sichtbar. Stimmen Worte und Körpersprache nicht überein, bemerkt unser Gegenüber das sofort – so wie ich auf besagtem Fest meinen alten Bekannten durchschaut habe.
Aber nicht nur unser Gefühlszustand wird durch die Körpersprache offengelegt. Wir zeigen auch ganz deutlich, ob wir unser Gegenüber sympathisch finden oder nicht. Das macht das Leben mitunter nicht einfacher.
Stellen Sie sich vor, Sie müssen eine Präsentation vor einer kleineren Gruppe von Menschen halten und in dieser Gruppe ist ein Kollege, den Sie überhaupt nicht riechen können. Beim bloßen Anblick dieses Herrn kriegen Sie Beklemmungen und ein mittleres Magengeschwür. Aber Sie wissen: Sie dürfen sich Ihre Antipathie nicht anmerken lassen.
Was also tun in einer derartigen Situation?

Drei Möglichkeiten:

1. Sie lassen zu, dass Ihre Körpersprache Ihren Gedanken folgt. Sie ignorieren den Kollegen, den Sie nicht mögen, und würdigen ihn keines Blickes. Klar, das Recht dazu haben Sie grundsätzlich. Ehrlich und authentisch wären Sie dabei vielleicht auch. Aber ist dieses Verhalten zielführend? Wohl kaum. Vielleicht müssen Sie mit diesem Menschen auch in Zukunft noch zusammenarbeiten! Dann sollten Sie die Stimmung nicht (noch mehr) vergiften.
2. Sie lassen nicht zu, dass Ihre Körpersprache Ihren Gedanken folgt. Sie schieben Ihre negativen Gefühle beiseite und tun so, als ob der Magengeschwürauslöser Ihr bester Freund wäre. Sie heucheln Freundlichkeit, versuchen zu lächeln und verteilen (nicht ehrlich gemeinte) Komplimente. Aber bedenken Sie: Ihre Zuhörer merken, dass bei Ihnen

irgendwas nicht ganz „stimmig“ ist – dass Gedanken und Worte nicht zueinander passen. Sie verlieren an Authentizität.

Weiteres Problem dieser Variante: Finden wir jemanden unsympathisch, beruht das meist auf Gegenseitigkeit. Sie können davon ausgehen, dass der ungeliebte Kollege Sie auch nicht mag. Er wird Ihre geheuchelte Freundlichkeit sofort durchschauen. Vielleicht steigt er auf Ihr Schauspiel ein und Sie bekommen ein nicht ehrlich gemeintes Kompliment zurück, vielleicht lässt er Sie aber auch eiskalt abblitzen. Dann machen Sie sich zum Clown und untergraben Ihre Würde und Ihre Selbstachtung. Sie verlieren den Respekt des anderen und, was noch schlimmer ist – vor sich selbst.

3. Sie ändern Ihre Gedanken – und lassen zu, dass Ihre Körpersprache diesen „neuen“ Gedanken folgt. Sie begegnen dem Kollegen freundlich distanziert, indem Sie Ihre Gedanken auf die guten Eigenschaften dieses Menschen lenken. Nein, damit meine ich nicht, dass Sie sich Ihr Gegenüber schönreden sollen! Wir sprechen hier nicht von rosa Zuckerguss, sondern von Respekt und Professionalität.

Ich behaupte: Bei jedem (bei wirklich jedem!) Menschen können Sie drei positive Eigenschaften finden. Eigenschaften, vor denen Sie ehrlichen Herzens Respekt haben. Und auf genau diese drei Eigenschaften konzentrieren Sie sich, wenn Sie mit einem Menschen, den Sie nicht mögen, kommunizieren oder arbeiten müssen. Mithilfe der Technik der „drei positiven Eigenschaften“ finden Sie den richtigen Ton und halten angemessene Distanz – und Ihre Gedanken und Ihre Körpersprache ergeben wieder eine Einheit. Sie wirken stimmig und authentisch. Es geht nicht darum, dass der Kollege und Sie die besten Freunde werden. Es soll nur jeder der Beteiligten die Chance erhalten, sein Gesicht wahren zu können.

Auch ich hatte einmal einen Kollegen, in dessen Anwesenheit ich mich immer unwohl gefühlt habe. So sehr ich mich auch bemühte, ich konnte diesen Menschen nicht ausstehen, ja, manchmal konnte ich ihn nicht einmal ansehen. Ich habe mich für meine Gedanken geschämt, habe versucht, gegen sie anzukämpfen: Es hat nicht funktioniert. Im Gegenteil: Meine Antipathie ist weiter gewachsen und war schließlich so groß, dass ich kurz davor war, zu kündigen. Da diese Entscheidung jedoch meine Existenz gefährdet hätte, musste eine andere Lösung her. So bin ich auf die Übung mit den drei positiven Eigenschaften gekommen, die mir von diesem Zeitpunkt an tatsächlich geholfen hat. Ich hatte die drei positiven Eigenschaften des Kollegen immer klar vor Augen. Wirklich gemocht habe ich ihn immer noch nicht. Aber – ich habe angefangen, ihn zu schätzen. Und ich bin mir sicher: Er hat das gespürt – und damit begonnen, sich mir gegenüber wertschätzend zu verhalten. Wir haben eine gute Basis gefunden.

Stimmen bei einem Redner Worte und Körpersprache nicht überein, wird er beim Publikum keine Spuren hinterlassen. Wer „so tut als ob", hat schon verloren. Wir wirken nicht durch den schönen Schein, sondern durch unsere innere Haltung, unsere Gefühle und Gedanken.
Beobachten Sie einmal einen besonders charismatischen Menschen. Sie werden bemerken: Seine Worte und die Sprache seines Körpers passen immer zusammen.
Es hat keinen Sinn, die Zuhörer durch eine „aufgesetzte" Körpersprache auf eine falsche Fährte führen zu wollen: Wir können die anderen nicht belügen. Und uns selbst auch nicht. Nur so zu tun, als wären wir gut gelaunt, wird nicht funktionieren. Wir müssen das Gute-Laune-Gefühl tatsächlich in uns finden.

Durch eine aufrechte Körperhaltung können wir unsere Gedanken positiv beeinflussen und mit der Kraft positiver Gedanken unseren Körper „aufrichten". Die Gedanken folgen der Sprache des Körpers – und umgekehrt.

Worte, die wir nicht fühlen und daher durch unsere Körpersprache nicht ausdrücken, bleiben leere Worte.
Wenn Sie wollen, dass Ihre Körpersprache sich ändert, müssen Sie zuerst Ihre Gedanken und Ihre Einstellung ändern. So sind Sie ganz Sie selbst. Alles Weitere kommt von allein.

Übung:

Stellen Sie sich hin – das Körpergewicht verlagert sich auf ein Bein, während das andere unbeteiligt daneben steht, die Knie durchgestreckt, der Brustkorb eingefallen, die Schultern hängen nach vorne, das Kinn sinkt nach unten. Während Sie in dieser Haltung verharren, sagen Sie: „Mir geht's heute richtig gut!"

Und – klingen Sie glaubhaft? Nimmt man Ihnen ab, dass es Ihnen gut geht? Klingen Sie fröhlich und voller Energie? FÜHLEN Sie sich gut?

Wohl kaum. In der „Trauerweiden"-Haltung ist es schwierig, einen optimistischen Gedanken zu fassen, und selbst einem noch so positiv formulierten Satz fehlt es an Spannung und Energie. Ich will Sie jetzt natürlich nicht in dieser negativen Stimmung zurücklassen.

Daher ändern Sie jetzt bitte Ihre Körperhaltung:

Das Körpergewicht liegt nun in der Mitte Ihrer Fußsohlen und verteilt sich gleichmäßig auf beide Beine. Sie stehen in etwa hüftbreit, Ihre Knie sind locker und leicht gebeugt. Ihre Schultern sind leicht zurückgezogen, der Brustkorb ist offen und Ihr Blick klar nach vorne gerichtet. (Vorstellung: Sie balancieren ein Buch auf dem Kopf.) Jetzt wiederholen Sie den Satz: „Mir geht's heute richtig gut!"

Das klingt gleich ganz anders, oder? Jetzt stimmen Ihre Körperhaltung und Ihre Worte überein. Sie fühlen, was Sie sagen – und leben es.
Was können Sie tun, wenn Sie einen schlechten Tag haben und sich trotzdem anderen Menschen zumuten müssen?
Ein alter Trick: Nehmen Sie einen Stift und klemmen Sie ihn zwischen Ihre Zähne. Und zwar so, dass Ihre Lippen ihn nicht berühren. Bleiben Sie eine Weile in dieser Position. Ihre Mundwinkel zeigen wie bei einem Lächeln nach oben. Ihr Körper sendet an Ihr Gehirn das Signal: „Es geht mir gut. Ich bin gut gelaunt. Ich lächle." Sie werden sehen: Ihre Laune wird sich automatisch verbessern!

Übung:

Sie sitzen vor dem Computer, sollten einen Bericht verfassen, aber nichts geht mehr. Ihre Gedanken scheinen stillzustehen.

Stehen Sie auf und bewegen Sie sich! Öffnen Sie die Fenster und gehen Sie im Raum auf und ab oder machen Sie einen kurzen Spaziergang. Sie werden sehen, sofort kommen Ihre Gedanken wieder in Schwung. Bewegen wir unseren Körper, bewegen sich auch die Gedanken!

Der erste Eindruck

Was schätzen Sie: Wie lange haben Sie Zeit, um bei Ihrem Publikum einen positiven ersten Eindruck zu hinterlassen? Eine Minute? Zehn Sekunden? Fünf Sekunden?

Nein. Der erste Eindruck entsteht in den ersten zehn Millisekunden. In diesen zehn Millisekunden werden Sie von Ihrem Gegenüber in eine Schublade gesteckt – und der Einschätzungsprozess geht weiter. Phase zwei dauert 140 Millisekunden. Es kommt in diesem Moment nicht darauf an, WAS Sie sagen, sondern WIE Sie es sagen – und was Sie dabei tun. Wichtiger als Ihre Worte sind Ihre nonverbalen Botschaften: Ihre Art zu gehen und zu stehen, Ihre Gestik, Ihr Gesichtsausdruck, der Klang Ihrer Stimme und Ihre Sprechweise.

Signalisieren Sie durch die Sprache Ihres Körpers Natürlichkeit, Offenheit und Selbstbewusstsein, werden sie bei Ihrem Publikum Anklang finden. Sind Ihre Handbewegungen hingegen fahrig, ist Ihre Körperhaltung gebückt und Ihr Lächeln nicht echt, wird es Ihnen schwerfallen, die Herzen Ihrer Zuhörer zu erreichen, die Menschen zu überzeugen und zu fesseln.

In den ersten 150 Millisekunden Ihres Auftritts fällt Ihr Publikum eine

wichtige Entscheidung: Ist mir der Mensch auf der Bühne sympathisch oder ist er mir unsympathisch?
Haben Sie es geschafft, sympathisch zu wirken, wird Ihnen automatisch Kompetenz zugeschrieben und Ihre Zuhörer sind nun bereit, sich auf das, was Sie sagen, einzulassen. Wirken Sie hingegen unsympathisch, steht Ihnen das Publikum bestenfalls abwartend gegenüber und Sie müssen erst einmal mit viel Mühe beweisen, dass Sie so einiges draufhaben.

Aber bitte keine Panik: Sie sind Ihrem Publikum und dessen Urteil nicht hilflos ausgeliefert! Sie können einiges dazu beitragen, um einen positiven ersten Eindruck zu hinterlassen. Was Sie dabei keinesfalls tun dürfen: einen positiven Eindruck hinterlassen wollen! Ein Widerspruch? Keineswegs! Der größte Fehler, den Sie in einer öffentlichen Redesituation begehen können, ist, sympathisch wirken zu WOLLEN, indem Sie sich BEMÜHEN, authentisch zu sein.
Authentisch sind wir, wenn wir wissen, wer wir sind. Indem wir über unsere Stärken und Bedürfnisse Bescheid wissen, unsere Grenzen kennen

(und anerkennen) und danach handeln – und nicht versuchen, jemand anderer zu sein. Dieses Bewusstsein entsteht nicht von heute auf morgen, sondern bedarf eines Prozesses, der Jahre dauert – und niemals aufhört. Wir begegnen uns selbst, indem wir Verschiedenes ausprobieren, scheitern, wieder neu anfangen und weiterüben. Die Minuten auf der Bühne sind das vorläufige Ergebnis eines Prozesses. Der Prozess selbst muss vorher stattfinden. Während Sie eine Präsentation halten, sollten Sie nichts Neues ausprobieren und schon gar nicht versuchen, sich neu zu definieren! Die Zeit, die wir auf dem Podium verbringen, ist nicht die Zeit des Säens, sondern die des Erntens.

Einen Vortrag halten ist wie Kuchen backen: Sie haben in der Vorbereitungsphase alle Zutaten besorgt, die Sie für einen gelungenen Kuchen brauchen. Irgendwann ist diese Phase zu Ende. In dem Moment, in dem Sie in der Küche stehen und beginnen, den Teig zu rühren, müssen Sie mit dem auskommen, das Ihnen zur Verfügung steht. Haben Sie Äpfel eingekauft, wird's wohl ein Apfelkuchen und kein Kirschkuchen. Punkt.

Genauso ist es, wenn Sie auf der Bühne stehen: Sie stehen hier als der Mensch, der Sie sind. Ihre Persönlichkeit ist die Summe der Zutaten, die Sie in Ihren Korb getan und zu Ihren Ressourcen gemacht haben: Erfahrungen, Erlebnisse, Ausbildungen, Übungen. Jetzt müssen Sie Ihren Ressourcen vertrauen! Streichen Sie im Moment des Auftritts alles, was Sie sich angeeignet und geübt haben, aus Ihrem Gehirn. Vertrauen Sie darauf, dass Sie das Gelernte im Herzen tragen und zu einem Teil von sich gemacht haben. Lassen Sie sich auf die Gegenwart und die Auftrittssituation ein, und Sie werden wirken. Ganz von allein!

Die Fakten:

1. **Für den berühmten ersten Eindruck gibt es keine zweite Chance.**
2. **Unser Publikum braucht gerade mal 150 Millisekunden um zu entscheiden, ob es uns sympathisch oder unsympathisch findet.**
3. **Wirken wir sympathisch, wird uns Kompetenz zugeschrieben.**
4. **Wirken wir unsympathisch, hält das Publikum uns für nicht kompetent.**

Wie gehe ich auf die Bühne? Wie betrete ich in den Vortragssaal?

Dafür, dass der erste Eindruck für den Erfolg oder Misserfolg unserer Rede ausschlaggebend sein kann, messen wir den Sekunden des Auftritts eine

recht geringe Bedeutung zu. Wir denken, unsere Rede beginnt erst, wenn wir am Podium stehen. Falsch! Der Auftritt ist bereits der erste Teil der Rede.
Die ersten Sekunden Ihres Auftritts können Sie wunderbar und völlig ohne Stress üben. Immer und immer wieder. So lange, bis Sie diese Situation und Ihre Bewegungen so sehr verinnerlicht haben, dass Sie nie wieder darüber nachdenken, wie Sie eine Bühne oder einen Raum betreten. Sondern es ganz einfach tun – und wirken.

Übung: Stufen steigen

Beobachten Sie einmal, wohin Ihr Blick beim Stufensteigen wandert. Meistens schauen wir nach unten. Beim Hinaufgehen auf ein Podium konzentrieren wir uns darauf, nur nicht hinzufallen.

Machen Sie es in Zukunft anders: Werfen Sie, bevor Sie losgehen, einen kurzen Blick auf die Stufen. Heben Sie danach den Blick gleich wieder und sehen Sie nach vorne! Ihre Kopfhaltung sollte dabei gerade sein. (Denken Sie an das berühmte Buch, das Sie auf dem Kopf balancieren!)

Sofort wirken Sie offen, selbstsicher und wach. Und: Sie wirken nicht nur souveräner, Sie fühlen sich auch so! Durch Ihre mutige Körperhaltung sprechen Sie sich selber Mut zu.

Übung: Einen Raum betreten

Stolpern Sie nicht in den Raum, in dem Ihre Präsentation stattfindet, sondern betreten Sie ihn! Bleiben Sie nicht schüchtern an der Tür stehen, sondern gehen Sie zielstrebig zum Rednerpult.

Lassen Sie sich dabei Zeit; hektische Bewegungen machen keinen souveränen Eindruck und bringen Sie zudem aus Ihrem inneren Gleichgewicht. Rennen Sie nicht – schreiten Sie! Der Kopf ist, wie beim Stufensteigen, gerade, der Blick nach vorne gerichtet. Der Oberkörper ist aufrecht, der Brustkorb offen, die Schultern sind gestrafft. Spüren Sie beim Gehen den Boden unter Ihren Füßen!

Fangen Sie – beim Rednerpult angekommen – nicht gleich an zu sprechen, sondern schauen Sie Ihre Zuhörer erst einmal an. Tun Sie nicht so, als würden Sie schauen, sondern schauen Sie wirklich! Suchen Sie Blickkontakt. Haben Sie die Aufmerksamkeit des Publikums, beginnen Sie zu sprechen.

Noch ein Tipp: Wenn Sie für Ihren Vortrag Bücher oder eine Mappe dabeihaben, tragen Sie diese beim Betreten des Raumes nicht wie ein Schutzschild vor der Brust. Das wirkt unsicher und verschlossen. Besser, Sie nehmen die Utensilien locker unter einen Arm und tragen sie seitlich.

Beim Betreten eines Raumes tun Sie im Prinzip nichts anderes, als sich von Punkt A zu Punkt B zu bewegen. Bevor Ihr Körper bei Punkt B angekommen ist, sollte schon Ihr Blick dort sein. Haben Sie Ihr Ziel klar vor Augen und bewegen Sie sich entschlossen darauf zu! Auch hier gilt: Immer mit der Ruhe! Rennen Sie nicht – schreiten Sie!

Übung: Blick

Stehen Sie aufrecht und suchen Sie sich einen Punkt im Raum. Fixieren Sie diesen Punkt und gehen Sie auf dem kürzesten Weg darauf zu. Halten Sie kurz inne, nehmen Sie wahr, wie Sie stehen. Danach suchen Sie sich einen neuen Punkt und steuern diesen an, und so weiter.

Während Sie von Punkt A zu Punkt B schreiten, können Sie Ihre Sinne schärfen. ***Beobachten Sie: Was sehen Sie? Was hören Sie? Wie fühlt sich Ihr Körper beim Gehen an? Wonach riecht es im Raum?***

Reden im Stehen

Bei meinen ersten Auftritten als Moderatorin und Rednerin war ich ziemlich unsicher – und sehr, sehr nervös. Vor allem dann, wenn ich mutterseelenallein auf einer großen Bühne stehen musste. **Ich wusste nicht: Wie soll ich mich hinstellen? Was mit den Händen machen? Darf ich mich bewegen?**
Tausend Fragen schwirrten mir durch den Kopf und ich fühlte mich ehrlich gesagt manchmal recht hilflos. Klar: Ich hätte jemanden um Rat fragen können. Dafür aber war ich damals zu stolz. (Später habe ich es übrigens doch getan und mich coachen lassen – es hat Wunder gewirkt!) Heute weiß ich: Auch wenn ich mit Worten niemandem von meiner Unsicherheit erzählt habe – mein Körper hat es sehr wohl getan.

Durch unsere Art zu stehen, verraten wir den Zuhörern bis ins kleinste Detail, was gerade in uns vorgeht und wie wir uns fühlen. Vielleicht haben Sie schon einmal Redner beobachtet, die das Gewicht von einem Bein aufs andere verlagern, so, als würden Sie tänzeln. Oder andere, die stocksteif und mit durchgedrückten Knien dastehen, mit den Ellbögen ganz am Körper. Diese Redner haben wahrscheinlich keinen souveränen und lockeren Eindruck auf Sie gemacht.

Ein zu häufiger Wechsel von Stand- und Spielbein wirkt nervös, durchgedrückte Knie signalisieren eine abwehrende Haltung, an den Oberkörper gezogene Ellbögen deuten auf große innere Anspannung und Unsicherheit hin.

Sie wollen selbstbewusst, offen und souverän wirken?

Dann achten Sie beim Reden im Stehen auf Folgendes:

1. Die Füße sollten immer hüftbreit stehen, das Gewicht sich gleichmäßig auf beide Beine verlagern. So haben Sie den nötigen Halt und können doch flexibel auf alles, was rund um Sie herum passiert, reagieren. In dieser Haltung kann Sie so leicht nichts umhauen, Sie wirken sicher und entspannt.

   Machen Sie den Test: Zuerst stellen Sie sich hin, die Füße sind ganz nah beieinander. So nah, dass sich die Knöchel berühren. Bitten Sie nun jemanden, Ihnen einen Schubs zu geben. Ich nehme mal an, Sie werden ins Schwanken geraten. Von Standfestigkeit keine Spur! Jetzt verändern Sie die Haltung Ihrer Füße und stellen sich hüftbreit hin. Der Schubs wird Ihnen in dieser Haltung nichts ausmachen. Stehen Sie hüftbreit, signalisieren Sie: „Ich fühle mich sicher.“ Die Zuhörer werden Ihren Worten Vertrauen und Glauben schenken.
2. Stehen Sie nicht zu breitbeinig und stemmen Sie dabei schon gar nicht die Hände in die Hüften. Das wirkt dominant und arrogant – und überhaupt nicht selbstsicher und souverän. Ein arroganter Redner wird sein Publikum niemals wirklich erreichen, denn Arroganz schafft Distanz!
3. Verlagern Sie das Gewicht nicht auf nur ein Standbein und lassen Sie nicht eine Hüfte nach außen knicken. In dieser Haltung werden Sie vielleicht als lieb und nett empfunden – keineswegs aber als sicher und kompetent!
4. Sie wissen: Eine gute Haltung beginnt bei den Füßen. Ihre Füße sollten daher guten Kontakt zum Boden haben. Verlagern Sie das Gewicht eher auf die Fersen, signalisieren Sie: „Ich will weg hier!“ Nach hinten gelagertes Gewicht deutet auf den Wunsch nach Flucht hin. Stehen Sie hingegen leicht nach vorne geneigt, wirken Sie präsent, aktiv und handlungsbereit.
5. Stehen Sie aufrecht. Ziehen Sie die Schultern ein wenig nach hinten und achten Sie darauf, dass der Brustkorb nicht einsinkt. Sie müssen

sich nicht verstecken oder kleiner machen! Zeigen Sie sich in Ihrer ganzen Pracht. Lassen Sie die Schultern hängen, sinkt der Brustkorb zusammen und die Sauerstoffzufuhr wird vermindert. Was passiert: Sie verlieren an Energie und Ausstrahlung. Also: Kopf hoch, Brust raus! Vorstellung: Sie haben eine Krone auf dem Kopf. Aber Vorsicht: Verwechseln Sie „aufrecht stehen“ nicht mit Starrheit. Ziehen Sie die Schultern nicht hoch und beobachten Sie Ihre Atmung: Kann der Atem nicht mehr locker in den Bauch fließen, ist Ihre Körper zu steif. Dann müssen Sie ihn lockern.

Übung zum Lockerwerden:

Spannen Sie jeden Muskel im Körper ganz fest an. Halten Sie die Anspannung einige Sekunden, dann lassen Sie los. Das Loslassen passiert während der Phase der Ausatmung. Wiederholen Sie den Vorgang zwei- bis dreimal.

Diese Übung hilft auch gut, wenn Sie geistig angespannt sind und das Gefühl haben, dass Ihre Gedanken nicht mehr fließen können. Denn Sie wissen ja: Die Körperhaltung beeinflusst die Gedanken – und umgekehrt! Ist der Körper locker und wendig, sind es auch die Gedanken.

6. Die Knie sollten leicht gebeugt und nicht ganz durchgestreckt sein. Durchgestreckte Knie blockieren Ihren Körper, ein steifer Körper blockiert Ihre Gedanken. Sie sind in dieser Haltung in jeder Hinsicht unflexibel und wirken nicht überzeugend.
7. Halten Sie den Nacken gerade und locker, so ist er frei beweglich. Nur wenn Ihr Nacken beweglich ist, ist es auch Ihr Blick. Und einen beweglichen und offenen Blick brauchen Sie, um Kontakt zu Ihren Zuhörern zu bekommen und zu halten. Auch wenn Sie sich gerade auf einen Punkt im Raum oder auf einen Zuhörer besonders konzentrieren: Sie sollten immer Ihre gesamte Umgebung im Auge behalten.
8. Vermeiden Sie die „Kleinkind-Pose"! Sie wissen schon: Der Kopf leicht nach unten geneigt, der Blick geht von unten nach oben, ein sanftes Lächeln umspielt Ihren Mund. So wirken Sie eher schutzbedürftig denn ernst zu nehmend! Besser: eine aufrechte und freie Kopfhaltung (und da ist sie wieder: die Krone, die Sie auf dem Kopf tragen), der Blick geht gerade nach vorne.
9. Das Gegenteil von der „Kleinkind-Pose" ist die „Nase-hoch-Pose". In dieser Kopfstellung würde Ihre imaginäre Krone nach hinten kippen – und Sie wirken arrogant.
10. Wohin mit den Armen? Dafür gibt es zwei Möglichkeiten: Entweder Sie lassen die Arme ganz natürlich seitlich am Körper runterhängen oder Sie legen die Hände in Höhe der Gürtellinie locker ineinander. Ihre Hände sollten jederzeit „einsatzbereit" sein, wenn Sie etwas sagen wollen.
11. Verstecken Sie Ihre Hände nicht hinter dem Rücken. So wirken Sie passiv und unbeteiligt. Denn: Sie haben ja nichts zu verbergen, oder?
12. Während einer Rede haben die Hände in der Hosentasche (oder Jackentasche) nichts zu suchen! Ihre Hände sollten immer gut sichtbar sein. So wirken Sie kompetent und sicher.
13. Wenn Sie an einem Rednerpult stehen: Achten Sie darauf, dass Sie sich nicht am Rednerpult festklammern. Sprechen Sie nicht zum Mikrofon, sondern zu Ihrem Publikum!
14. Bei PowerPoint-Präsentationen: Schauen Sie nicht zu den Bildern, die hinter Ihnen ablaufen, sondern zu Ihren Zuhörern. Das gelingt besser,

wenn Sie vom Laptop ablesen und nicht von der Leinwand. Sie, der Redner, sind der Mittelpunkt Ihres Auftritts – nicht die Hilfsmittel, die Sie verwenden!

15. Präsentationen am Flipchart: Stellen Sie sich seitlich davon auf und nicht mit dem Rücken zu den Zuhörern.
16. Verwenden Sie immer Gesten oberhalb der Gürtellinie. Gesten auf Höhe des Oberkörpers wirken positiv, Gesten unterhalb der Gürtellinie negativ.
17. Männer stellen sich gerne in der sogenannten „Freistoßhaltung" auf: Sie falten ihre Hände unterhalb des Nabels, so, als wollten Sie ihr bestes Stück beschützen. Diese Haltung nehmen Männer gerne ein, wenn Sie nicht wissen, was Sie mit Ihren Händen machen sollen – und zeigen so ganz deutlich Ihre Unsicherheit.
18. Tragen Sie Schuhe, in denen Sie gut stehen können!

Reden im Sitzen

Sie müssen nicht unbedingt stehen, um zu wirken. Das funktioniert auch im Sitzen ganz gut – wenn Sie es richtig machen!

Vielleicht ist es Ihnen gar nicht bewusst, wie oft Sie gezwungen sind, im Sitzen eine kleine Rede zu halten. Es muss nicht gleich eine Podiumsdiskussion sein – es reicht schon, wenn Sie in Sitzungen das Wort ergreifen! Jede Wortspende ist eine wichtige kleine Rede.

Auch im Sitzen spricht unser Körper Bände. Sie beugen den Oberkörper nach vorne? Damit signalisieren Sie: „Ich bin interessiert!"

Sie drehen sich von Ihrem Gesprächs- oder Diskussionspartner weg und zeigen ihm sprichwörtlich die „kalte Schulter"? Dann ist Ihnen das, was dieser Mensch zu sagen hat, im Moment wohl ziemlich egal.

Sie strecken Ihre Beine genüsslich nach vorne aus und lehnen sich zurück? Sie fühlen sich wahrscheinlich wohl und könnten ewig sitzen bleiben. Sie signalisieren mit dieser Haltung aber auch, dass Sie nicht unbedingt vorhaben, in den nächsten Minuten das Wort zu ergreifen, und wirken passiv und nicht sonderlich am Geschehen interessiert.

Ihre Sitzhaltung ist entscheidend. Eine Person, die träge am Tisch lümmelt, wirkt nicht nur nicht besonders engagiert – sie ist es auch nicht. Eine aufrechte Sitzhaltung dagegen signalisiert: Ich habe Interesse am Thema, ich bin bereit, jederzeit das Wort zu ergreifen, ich bin engagiert, offen und aktiv. Besonders für Tage, an denen Sie müde und nicht gut drauf sind, gilt: Setzen Sie sich aufrecht hin! Meine Arbeitstage beim Radio beginnen sehr früh: um 5 Uhr morgens. Dass ich dann meistens nicht gerade vor Energie sprühe, können Sie wahrscheinlich nachvollziehen. Oft werde ich gefragt: „Wie kannst du nur um diese schreckliche Uhrzeit schon so wach und gut gelaunt klingen?" Das Geheimnis: Ich setze mich aufrecht hin! Probieren Sie es aus: Wenn Sie müde sind und in Ihrem Sessel hängen, werden Sie noch müder. Aufrecht sitzen macht wach!

Wie sitzt man beim Reden richtig? Nehmen Sie Ihren Sessel ganz ein und besetzen Sie nicht nur die Stuhlkante. Das wirkt, als wären Sie schon am Sprung und nicht mehr daran interessiert, was rund um Sie herum gerade passiert.

Damit Sie auch als sitzender Redner gut rüber- und beim Publikum ankommen, sollten Sie auf die folgenden Punkte achten:

1. Beobachten Sie sich: Fühlen Sie sich in der Sitzhaltung, die Sie gerade einnehmen, wohl oder sind Sie angespannt? Eine verkrampfte Sitz-

haltung lässt Sie unsicher, nervös und inkompetent wirken. Schlagen Sie die Beine locker übereinander oder stellen Sie sie auf den Boden – auch wenn Sie sitzen, ist eine gute Bodenhaftung wichtig!

2. Ihre Füße verraten, wer Ihnen sympathisch ist: Sie zeigen automatisch auf die Person in der Runde, die Sie mögen, interessant oder attraktiv finden.
3. Verschränkte Arme sind an und für sich nichts Negatives. Sie drücken lediglich aus, dass Sie sich im Moment zurückhalten und aktiv nichts zum Gespräch beitragen wollen. Sie sind nicht handlungsbereit und warten lieber ab, was passiert. Krallen Sie sich aber in den eigenen Arm, deutet dies auf große Unsicherheit hin.
4. Kreuzt eine Person die Knöchel, signalisiert sie: „Ich bin unsicher und fühle mich nicht wohl in meiner Haut." Männer umklammern in dieser Situation oft noch zusätzlich die Stuhllehnen oder legen die geschlossenen Fäuste auf die Knie. Frauen pressen die Knie zusammen und legen die Hände in den Schoß.
5. Zusammengepresste Beine signalisieren generell Unsicherheit.
6. Lehnt sich Ihr Gegenüber mit den Händen auf den Knien nach vorne, teilt er oder sie Ihnen mit: „Ich möchte das Gespräch gerne beenden."
7. Auch wenn Sie sitzen, sollten Ihre Hände immer sichtbar sein. Verstecken Sie sie nicht unter dem Tisch oder zwischen Ihren Beinen. Auch ineinander verknotete Hände wirken nicht souverän – und behindern zudem Ihre natürliche Gestik.
   Besser: Legen Sie die Hände locker auf den Tisch oder auf die Stuhllehne. Sind weder Tisch noch Stuhllehne vorhanden, legen Sie die Hände locker auf die Oberschenkel. In dieser Haltung sind Sie auch dann präsent, wenn Sie nichts sagen. Sie sind jedoch jederzeit dazu in der Lage, zu sprechen.
8. Sie sitzen nach hinten gelehnt, Ihre Arme sind verschränkt und Ihr Mund ist fest geschlossen.
   Achtung! Sie signalisieren Ablehnung und nehmen sich aus dem Geschehen. Wenn Sie übergangen werden und die weitere Diskussion ohne Sie verläuft, dürfen Sie sich nicht wundern.
9. Wenn Sie auf einem Podium sitzen und eine Frau sind: tragen Sie keine zu kurzen engen Röcke! Ein kurzer Rock wird im Sitzen noch kürzer, enge Röcke schränken Ihre Handlungsfreiheit ein und blockieren Sie. Wenn Sie ständig an Ihrem Rock herumzupfen und -ziehen, sind Sie gedanklich nicht bei Ihrer Rede und schon gar nicht beim Publikum.

Ich habe im Laufe der Jahre alle möglichen Rockvarianten ausprobiert. Mit dem Ergebnis: Muss ich im Sitzen reden, trage ich Hosen! So kann ich das, was ich anhabe, vergessen und ganz ich selbst sein.

10. Wenn Sie auf einem Podium sitzen und ein Mann sind: Achten Sie darauf, dass Ihre Hosenbeine lang genug sind oder tragen Sie Kniestrümpfe statt Socken, damit zwischen Socken und Hose keine nackte Haut sichtbar wird.

Gestik

Wie würde es wohl auf Sie wirken, wenn Sie einen Redner beobachten, der während seines Vortrages kein einziges Mal die Hände bewegt?
Das käme Ihnen wohl sehr eigenartig vor und könnte wohl auch gar nicht funktionieren, denn wir sprechen niemals nur mit dem Mund allein, sondern immer mit dem ganzen Körper. Einem Redner, der auf jegliche Gestik verzichtet, würden wir wahrscheinlich kein einziges Wort glauben. Ich gehe noch ein wenig weiter: Wir würden ihm nicht einmal zuhören.
Um beim Zuhörer anzukommen, brauchen wir Gesten. Gesten sind die Worte der Hände, Finger, Beine und Füße.
Weltweit existieren übrigens mehr als 5000 unterschiedliche Gesten. Nicht alle haben überall die gleiche Bedeutung. So gilt zum Beispiel der nach oben zeigende Daumen fast überall als zustimmendes Zeichen. Für Japaner jedoch bedeutet diese Geste „Geld".
Sie haben schon einmal versucht, sich bestimmte Gesten, die Ihnen bei anderen so gut gefallen, anzueignen? Haben diese vielleicht schon einmal vor dem Spiegel geprobt? Lassen Sie das! Fremde Gesten haben Sie nicht nötig – Ihre eigenen sind nuancenreich und aussagekräftig genug. Bleiben Sie bei Ihren natürlichen Bewegungen! Was bei anderen gut rüberkommt, kann bei Ihnen ganz seltsam aussehen. Es gibt nichts Schöneres bei einem Redner, als wenn seine Gesten mit seinen Worten im Einklang stehen. Von einem solchen Redner werden wir auf wundersame Weise berührt, ihn werden wir lange in Erinnerung behalten. Antrainierte Gesten hingegen wirken meist aufgesetzt und rauben dem Redner jegliche Authentizität.
Genauso wie mit unserer Stimme müssen wir uns auch mit unserer Körpersprache vertraut machen, das Vokabular unseres Körpers kennenlernen. In meinen Seminaren filme ich daher die Teilnehmer während ihrer

Präsentationen und danach sehen wir uns das Ergebnis gemeinsam an. Die Reaktionen fallen oft recht heftig aus, denn die meisten wollen nicht glauben, was sie da sehen: „Das bin ja gar nicht ich!" Ich habe schon Seminarteilnehmer erlebt, die es fast nicht übers Herz gebracht haben, sich selbst anzuschauen, weil sie sich als so fremd und beinahe unsympathisch erlebt haben.
Auch wenn diese Übung für manche erst einmal ein Schock ist: Sie ist unglaublich wirkungsvoll. Manchmal können wir etwas erst glauben, wenn wir es sehen. Es kann Ihnen hundert Mal jemand sagen, dass Sie beim Reden immer den Kopf zur Seite drehen oder unmotiviert mit den Händen durch die Gegend fuchteln. So richtig bewusst wird es Ihnen erst, wenn Sie es mit eigenen Augen sehen. Erst dann können Sie etwas verändern.

Sie können diese Übung auch allein zu Hause machen:
Halten Sie Ihre Rede vor dem Spiegel oder filmen Sie sich selbst. Beobachten Sie sich (auch wenn es am Anfang unangenehm ist!) ganz genau:

- Wie intensiv fallen Ihre Gesten aus?
- Welche Gesten verwenden Sie, wenn Sie unsicher sind?
- Was machen Ihre Hände?
- Gestikulieren Sie deutlich oder fahrig?
- Wohin zeigen Ihre Fußspitzen?

Gesten müssen zur Person und zur Situation passen, um wirken zu können. Sprechen Sie zu vier Menschen? Dann werden Ihre Gesten wahrscheinlich kleiner ausfallen als bei einer Rede, die Sie vor 200 Personen halten.
Aber nicht nur an die Anzahl Ihrer Zuhörer, sondern auch an die Größe des Raumes müssen Sie Ihre Gesten anpassen. Handbewegungen, die in kleinerem Rahmen gut zur Geltung kommen, verschwinden in einem großen Saal; große und ausholende Gesten können in einem kleinen Raum schnell übertrieben wirken.

Welche Bedeutung wird den einzelnen Gesten zugeschrieben?

Grundsätzlich gilt folgende Faustregel: Alle Gesten, die von unten nach oben gehen und oberhalb der Gürtellinie stattfinden, drücken Positives aus. (Denken Sie an einen lächelnden Mund: Die Mundwinkel zeigen nach oben!); Alle Gesten, die von oben nach unten gehen und unterhalb der Gürtellinie passieren, sind negative Gesten.

Viele Menschen achten bei anderen zuerst auf die Hände – sie sind ein wichtiges Kommunikationsmittel.

Beobachten Sie einen Redner:

- Verwendet er beim Sprechen vorwiegend die linke oder die rechte Hand?
  Gefühlsmenschen gestikulieren meistens mit der linken Hand, vernunftbetonte Persönlichkeiten benützen eher die rechte Hand.
- Welche Intensität haben seine Gesten?
  Kraftvolle und deutliche Gesten drücken Selbstsicherheit aus, zaghafte und unkoordinierte Gesten wirken unsicher und nervös.
- Presst er die Hände fest zusammen?
  Wahrscheinlich ist er unsicher oder unzufrieden.
- Zeigt er Ihnen die Handflächen?
  Offene Handflächen verbinden wir mit „Wahrheit", „Loyalität" und „Ehrlichkeit". Unterstreicht ein Redner die Worte: „Ich sage Ihnen ganz ehrlich ..." mit einer Geste, die seine offenen Handflächen sichtbar macht, meint er es höchstwahrscheinlich auch so.
- Formt er die Hände zum „Dach"?
  Diese Geste tritt oft isoliert auf und bedeutet, dass es sich bei dem Redner um einen selbstbewussten Menschen handelt, der ganz genau weiß, wovon er spricht.
- Zeigt er mit dem Zeigefinger auf Sie?
  Dieser Geste gilt als aggressiv und autoritär.
- Reibt er die Finger aneinander?
  Ein Ausdruck von Nervosität.
- Spielt er an der Uhr, am Ring oder an den Manschettenknöpfen herum?
  Auch das weist auf Nervosität hin.
- Umfasst er sein Handgelenk?
  Das gilt als ein Zeichen von Enttäuschung und Frustration.
- Wohin zeigen seine Fußspitzen?
  Die Füße geben darüber Auskunft, wohin wir gehen möchten. Zeigen die Fußspitzen des Redners in Richtung Tür, können Sie davon ausgehen, dass er am liebsten die Flucht ergreifen würde. Daher sprechen wir vom sogenannten „Fluchtbein".

Bestimmt sind Ihnen schon Menschen aufgefallen, die gerne die Hände hinter dem Rücken ineinanderlegen. Diese Geste drückt Selbstsicherheit und Überlegenheit aus. Und Furchtlosigkeit: Da sich nämlich die Hände hinter dem Rücken befinden, sind Bauch, Kehle und Herz ungeschützt. Ein Mensch, der diese Haltung einnimmt, signalisiert: „Ich habe keine Angst vor dir!", sollte aber auch bedenken, dass er so auf sein Gegenüber schnell überheblich und selbstgefällig wirken kann.

Worauf müssen Sie bei Ihrer Gestik achten, wenn Sie eine Rede halten?

- Verstärken Sie Ihre positiven Gesten oder setzen Sie diese vermehrt ein:
  Hand- und Armbewegen, die von unten nach oben führen, reißen Ihre Zuhörer mit und begeistern sie. Sie wirken engagiert und zeigen, dass Ihnen der Inhalt Ihrer Rede ein echtes Anliegen ist. Führen Sie im Gegensatz dazu Ihre Bewegungen von oben nach unten, machen Sie eher den Eindruck, als würden Sie etwas oder jemanden ablehnen.
- Machen Sie Gesten in der Höhe des Oberkörpers: Gesten, die oberhalb der Gürtellinie stattfinden, wirken positiv und werten das, was Sie sagen, auf.

- Zeigen Sie Ihre Hände: Sichtbare Hände vermitteln Transparenz. Vergraben Sie dagegen Ihre Hände im Hosensack, wirken Sie gleichgültig oder unsicher und werden als wenig vertrauenswürdig empfunden.
- Öffnen Sie Ihre Hände: Offene Hände bedeuten noch lange nicht, dass Sie alles annehmen, was man Ihnen anbietet. Sie signalisieren damit lediglich: „Ich bin bereit, mich auf dich und dein Anliegen einzulassen.“ Mit offenen Händen finden Sie Kontakt zu Ihrem Publikum. Sie zeigen Ihren Zuhörern, dass Sie an ihnen interessiert sind, auf sie eingehen und bereit sind, ihre Reaktionen anzunehmen.
- Bewahren Sie die Ruhe: Wildes und unkontrolliertes Gestikulieren („Fuchteln“) deutet auf große Unsicherheit hin und wirkt nicht kompetent. Souveräne Redner setzen ihre Gesten deutlich und bewusst ein.

So, wie wir uns ständig verändern und weiterentwickeln, verändert sich mit der Zeit auch unsere Art zu gestikulieren. Schließlich beginnt jede Geste bei unseren Gedanken. Ich weiß zum Beispiel von mir, dass ich früher oft nicht den Mut hatte, mit meiner Gestik den gesamten Raum einzunehmen, den ich zum Sprechen gebraucht hätte. War ich unsicher, habe ich wild mit den Händen gefuchtelt. Bei meinen ersten Bühnenauftritten habe ich die Ellbögen fest an den Oberkörper geklemmt und bin förmlich durch den Auftritt „gerast“, ohne nach links und rechts zu blicken. Heute sind meine Gesten bestimmter; ich weiß ganz einfach besser darüber Bescheid, was ich brauche und wer ich bin und traue mir mehr zu.
Achten Sie darauf, dass Sie sich mit Ihren Gesten nicht kleiner machen, als Sie sind. Sie haben das Recht, „groß“ zu sein. Die bewusste und intensive Auseinandersetzung mit der Sprache Ihres eigenen Körpers kann dazu beitragen, dass sich diese verändert. Vielleicht lassen Sie auf einmal öfter zu, dass Ihre Gesten ehrliche Ablehnung signalisieren. Vielleicht werden Ihre Gesten größer und brauchen mehr Platz. Vielleicht nehmen Sie plötzlich weniger oft eine demütige Haltung ein, sondern zeigen sich offen und selbstbewusst.
Es kann schon sein, dass Ihre Umgebung auf Ihre sichtbar gewordene Veränderung anfangs mit Erstaunen reagiert: „So kennen wir dich ja gar nicht!“

Lassen Sie sich dadurch nicht verunsichern.
Gehen Sie weiter Ihren Weg und zeigen Sie sich in Ihrer ganzen Größe!

Mimik

Es ist wirklich gemein: Unser Körper verrät immer, was gerade in uns vorgeht. An manchen Tagen zum Beispiel wache ich in der Früh auf und fühle mich schon unentspannt. Der erste Blick in den Spiegel bestätigt: Ich sehe auch so aus! (Was meine Laune natürlich nicht gerade hebt, wie Sie sich vorstellen können.) Dann helfen weder die Super-Zauber-Wunder-Creme noch das professionellste Make-up noch das tollste Outfit. Der Tag ist aus optischer Sicht ganz schlicht und einfach gelaufen.

Und dann gibt es die anderen Tage: Ich laufe nahezu ungeschminkt durch die Gegend, komme mit zerzausten Haaren und total verschwitzt vom Yoga – und finde mich hübsch. Was ist an diesen Tagen anders als an den anderen? Ganz einfach: Ich bin entspannt und mit mir im Reinen.

Ich wünsche Ihnen natürlich, dass nur an den „guten" Tagen öffentliche Redeauftritte oder Präsentationen in Ihrem Kalender eingetragen sind. Oft müssen wir aber auf ein Podium, wenn uns eher nach Abtauchen zumute ist. Oder – und das ist gar nicht einmal so selten – der „gute" Tag mutiert ganz schnell zu einem „schlechten", gerade eben WEIL eine Präsentation im Kalender steht.

Was können Sie tun, wenn Sie innerlich total angespannt sind, aber nicht wollen, dass die Zuhörer etwas davon mitbekommen?
Werden Sie locker! Die folgende kleine Übung hilft Ihnen dabei.

Übung:

Legen Sie Ihre Stirn in Falten – und lösen Sie die Spannung wieder. Schließen Sie ganz fest die Augen – und machen Sie sie danach wieder auf. Rümpfen Sie die Nase und machen Sie dabei einen Schmollmund.

Wenn Sie die drei Schritte ein paar Mal wiederholen, wird sich Ihre Gesichtsmuskulatur schnell entspannen.

Sie können die Übung auch vor dem Spiegel machen!
Die Übung hilft auch, wenn Sie vor einem Auftritt nervös sind oder wenn Sie vor dem Computer sitzend auf einen Geistesblitz warten. Werden Ihre Gesichtsmuskeln locker, entspannen sich auch die Gedanken!

Unser Gesicht spricht Bände. Glück sieht man uns an, Trauer sieht man uns an. Zorn spiegelt sich in unseren Gesichtszügen wider, Schmerz ebenfalls und Freude sowieso. Dafür verantwortlich sind 43 Gesichtsmuskeln. Forscher haben herausgefunden, dass weltweit 250.000 unterschiedliche Gesichtsausdrücke existieren. Manche unterscheiden sich voneinander nur durch eine klitzekleine Nuance – und doch erzählt jeder einzelne von ihnen so vieles darüber, was in einem Menschen gerade vorgeht. Diese Ausdrücke zu interpretieren, ist gar nicht so einfach, spielen doch Fakten wie Geschlecht, Nation oder Kultur eine große Rolle. Viele der 250.000 mimischen Ausdrücke werden überall auf der Welt anders gedeutet.
Elf Gesichtsausdrücke jedoch werden in allen Kulturen und Nationen verstanden und sind in Ihrer Aussage eindeutig: Lachen, Weinen, Traurigkeit, Schmerz, Freude, Ruhe, Nachdenklichkeit, Erstaunen, Verachtung, Ernst, Trotz.

Übung: Studieren Sie Ihr Gesicht

Bei dieser Übung geht es nicht darum, mit der Lupe nach neu entstandenen Falten zu fahnden oder zum Tausendsten Mal festzustellen, dass die Nase viel zu groß ist. Sie sollen sich einfach nur einmal ganz intensiv mit dem eigenen Gesicht befassen, das eigene Mienenspiel kennenlernen.

- *Sehen Sie sich in einer ruhigen Minute Ihre Bilder im Fotoalbum an. Was verrät Ihnen Ihr Gesicht über sich? Erkennen Sie sich wieder? Vielleicht erinnern Sie sich noch daran, wie Sie sich gefühlt haben, als das eine oder andere Foto von Ihnen gemacht wurde. Stimmen die Erinnerung an das*

Gefühl, das Sie damals verspürt haben, und der Gesichtsausdruck, den Sie auf dem Foto sehen, überein?

• Nehmen Sie sich einen kleinen Spiegel und betrachten Sie Ihr Gesicht: Ihre Augen, Ihre Augenbrauen, die Nase, den rechten Wangenknochen, die Lippen, das Kinn ... Was sehen Sie? Beurteilen und kritisieren Sie sich nicht – schauen Sie sich nur an!

• Jetzt dürfen Sie beurteilen: Was gefällt Ihnen an Ihrem Gesicht besonders gut? Was an Ihnen ist außergewöhnlich?

• Stellen Sie sich vor einen Spiegel und probieren Sie aus, wie die unterschiedlichen Gemütsverfassungen bei Ihnen aussehen. Seien Sie zornig, lachen Sie, schauen Sie nachdenklich und erstaunt.

Diese Übung funktioniert aber nur, wenn Sie nicht nur „so tun als ob", sondern diese Gefühle tatsächlich fühlen. Dazu benötigen Sie „innere Bilder": Rufen Sie sich eine Situation ins Gedächtnis zurück, in der Sie sich so richtig intensiv gefreut haben. Haben Sie diese Situation klar vor Augen? Können Sie nachempfinden, was Sie damals gefühlt haben? Automatisch wird sich in Ihrem Gesicht diese „Freude" widerspiegeln. Genauso können Sie Situationen reproduzieren, in denen Sie traurig, nachdenklich oder zornig waren.

„Mit einem Lächeln findest Du überall auf der Welt gute Freunde"

FALSCHES LACHEN >

HERZLICHES LACHEN >

Diesen Satz hat mir meine damals etwa achtjährige Nichte Emilia auf eine Weihnachtskarte geschrieben. Wie viel Wahres liegt in diesen Worten!

Ein Lächeln, das von Herzen kommt, kann Berge versetzen und Herzen erobern. Aber bitte aufpassen: In manchen Rhetorikseminaren wird den Teilnehmern beigebracht, immer zu lächeln, „weil es so sympathisch wirkt“ Davon halte ich gar nichts. Nur ein echtes Lächeln zum richtigen Zeitpunkt wirkt sympathisch. Ein „Lächeln um des Lächelns willen“ kann gar nicht echt wirken und steht oftmals im Widerspruch zum Redeinhalt. Wenn Sie beispielsweise über ein ernstes Thema sprechen, sollten Sie auf gar keinen Fall lächeln. Werden Sie auch nicht, wenn Sie sich auf Ihr Thema einlassen und auch fühlen, was Sie sagen.

Woran können Sie ein „falsches“ Lächeln erkennen? Ganz einfach: Bei einem Lächeln, das ehrlich gemeint ist und von Herzen kommt, lächeln die Augen mit. Die Augenbrauen senken sich und rund um die Augen bilden sich kleine Fältchen (es sei denn, „Dr. Botox“ hat zu stark zugeschlagen!). Bei einem unechten Lächeln hingegen bewegt sich nur der Mund.

Übrigens: Menschen, die häufig (ein echtes Lächeln) lächeln, sind meist erfolgreicher als jene, die meistens ein ernstes Gesicht machen und mit zusammengezogenen Augenbrauen und zusammengekniffenem Mund durch die Gegend laufen!

Werden Sie in letzter Zeit oft gefragt, warum Sie denn so traurig aussehen, oder bekommen Sie die Rückmeldung, Sie würden einen wütenden, nervösen oder erschöpften Eindruck machen? Überlegen Sie: Warum wirke ich angespannt, traurig oder wütend? Was geht in mir vor? Wer oder was löst dieses Gefühl in mir aus? So können Sie gut mit sich selbst in Kontakt treten und etwas verändern. Das Lösen von Problemen und inneren Blockaden kann auf Ihr Gesicht wirken wie ein Weichzeichner! Fühlen Sie sich gut, sind Ihre Gesichtszüge entspannt.

Viele Redner sind verunsichert, wenn sie einen Vortrag halten und vom Publikum offensichtlich keine zustimmende Reaktion erhalten. Ich meine: Wären diese Redner mit all ihren Sinnen ein wenig näher beim Publikum, würden sie bemerken, dass die Zuhörer sehr wohl reagieren. Sie klatschen vielleicht nicht laut in die Hände und johlen nicht vor Begeisterung; womöglich aber sagen ihre Augen: „Ich stimme dir zu! Ich finde richtig gut, was du sagst!“

Wie bemerken Sie, dass Ihre Zuhörer an Ihrem Vortrag Interesse haben und Ihnen zustimmen?

Ihre Augen sind weit offen, die Augenbrauen senken sich, die Mundwinkel nach oben gezogen und sie nicken leicht mit dem Kopf. Nicken bedeutet immer Zustimmung!

Worauf müssen Sie bei Ihrer Mimik achten, wenn Sie eine Rede halten?

- Sehen Sie sich nicht nur flüchtig im Raum um, sondern schauen Sie Ihre Zuhörer wirklich an! Und zwar nicht immer gleich zehn auf einmal, sondern jeden einzeln. So geben Sie jedem im Publikum das Gefühl, der für Sie wichtigste Mensch im Raum zu sein. Verweilen Sie mit dem Blick einige Sekunden auf Person A, danach sehen Sie Person B einige Sekunden lang an und so weiter. Der Vorteil: der Zuhörer, dem Sie sich gerade zuwenden, wird sich klarerweise persönlich angesprochen fühlen und Ihnen sofort ein Signal senden. Vielleicht lächelt er oder sie? Dieses Lächeln wird Sie motivieren und, besonders wenn Sie nervös sind, dazu beitragen, dass Sie sich beruhigen!
  Während Sie eine Rede halten, sind nicht ausschließlich Sie derjenige, der gibt. Kommunikation besteht immer aus Senden und Empfangen – aus Geben und Nehmen. Ein leichtes Nicken und ein strahlendes Lächeln eines Zuhörers werden Ihre Batterie aufladen!
- Manche Menschen machen ein richtig böses Gesicht, wenn Sie sich konzentrieren oder unter Stress stehen. Ist Ihnen das schon einmal

aufgefallen? Wir denken dann: „Ui, was ist mit DEM los?“ Sprechen wir die Person darauf an und fragen wir nach, welche Laus ihr denn über die Leber gelaufen ist, bekommen wir ein erstauntes: „Wieso? Ich denke nur nach!“ zur Antwort.
Vielleicht gehören ja auch Sie zu denjenigen, bei denen „Konzentration“ sich in Ihrer Mimik wie „Ärger“ äußert. Achten Sie ganz bewusst darauf, Ihre Gesichtsmuskeln zu entspannen und machen Sie vor Ihrem Auftritt die weiter oben beschriebene Gesichtsmuskel-Lockerungsübung.

- Sehen Sie nicht zu Boden, sondern immer in Ihr Publikum. Der Blick auf den Boden signalisiert entweder Desinteresse oder extreme Schüchternheit.
- Bitte Vorsicht, falls Sie kurzsichtig sind und keine Brille oder Kontaktlinsen tragen. Wir kneifen die Augen zusammen, um schärfer zu sehen. Da Ihr Publikum höchstwahrscheinlich aber nichts von Ihrer Kurzsichtigkeit weiß, werden Ihre zusammengekniffenen Augen anders gedeutet. Sie weisen auf Aggression und Angriffslust hin.
- Wenn Sie eine Brille tragen: Vermeiden Sie den Blick über die Brille. Sie wirken sonst wie ein strenger Oberlehrer und kommen ziemlich rechthaberisch rüber.
- Sie nehmen an einer Podiumsdiskussion teil und sind von den Aussagen eines anderen Diskutanten genervt? Beachten Sie: Zusammengepresste Lippen und ein starrer Blick machen Ihre Ablehnung deutlich. Falls Sie nicht wollen, dass man Ihnen Ihre innere Ablehnung ansieht, lockern Sie die Lippen und lassen Sie Ihren Blick kurz hin und her schweifen.
- Gar nicht sympathisch, sondern eher zynisch wirkt ein schiefes Lächeln, bei dem nur ein Mundwinkel angehoben wird.
- Egal, ob Sie eine ernste Rede halten oder einen Vortrag, bei dem auch mal gelacht werden darf: Halten Sie Ihren Kopf immer gerade (so, als hätten Sie eine Krone auf dem Kopf, siehe Übung auf Seite 53)! Ist Ihr Kopf erhoben, ist Ihr Blick frei. Sie sehen genau, was um Sie herum passiert, und können jederzeit darauf reagieren. Außerdem wirken Sie mit geradem Kopf präsenter und kompetenter. Was passiert, wenn Sie den Kopf beim Reden senken? Ihr Blickwinkel wird eingeschränkt, der Blick von unten nach oben, kombiniert mit einem kleinen Lächeln macht aus Ihnen ein kleines nettes, etwas unsicheres Mädchen. Wollen Sie das? Na eben.
  Also: Kopf hoch und Blick gerade nach vorne!

- Auch mithilfe Ihrer Mimik können Sie Ihre Stimmung beeinflussen und verändern. Sie fühlen sich nicht wohl in Ihrer Haut und müssen gleich vor ein Publikum treten?
  Machen Sie die Übung mit dem Stift von Seite 24!
- Versuchen Sie niemals, Ihre Mimik bewusst zu verändern! So wirken sie nicht mehr authentisch, sondern gekünstelt. Ihre Zuhörer werden Ihnen nicht vertrauen und Ihren Worten keinen Glauben schenken.

Denken Sie immer daran: Die Mimik kann sich nur dann verändern, wenn sich die Gedanken ändern, denn unsere Gefühle sind uns ins Gesicht geschrieben!

Kleider machen Leute: (Auch) auf das richtige Styling kommt es an!

Haben Sie schon einmal in einem falschen Outfit auf einer Bühne gestanden? Ein grauenhaftes und auch mir leider allzu gut bekanntes Gefühl.
Vor einigen Jahren habe ich eine Tagung moderiert. Ich war für diesen Auftritt topvorbereitet; nur leider hatte ich vergessen, mich beim Briefing danach zu erkundigen, was ich anziehen soll – und bin unpassenderweise im pailettenbesetzten Goldkleidchen erschienen.
Im Nachhinein betrachtet ein Bild für Götter: alle im straighten Businesskostüm, ich im güldenen Cocktailkleidchen. Ersatz-Outfit hatte ich natürlich keines dabei; ich wäre am liebsten im Erdboden versunken. Die Tagung hat neun Stunden gedauert – für mich in meinem Prinzessinnenkostüm seeeeeeeehr lange neun Stunden!

Das Gefühl und das Wissen, nicht das Richtige anzuhaben, können einen Auftritt zerstören. Die Schuhe zu hoch, der Rock zu kurz, die Bluse zu eng? Glauben Sie mir: Wenn das Outfit nicht passt, werden Sie während einer Rede nicht an die Rede, sondern ständig an Ihr Outfit denken (und womöglich sogar daran herumzupfen). Wie aber können Sie sich auf Ihr Publikum und Ihr Thema einlassen und sich von der Welle des Augeblicks tragen lassen, wenn Ihre Gedanken hauptsächlich um Ihre Kleidung kreisen?

Das optimale Bühnenoutfit erkennen Sie daran, dass Sie nach dem Hineinschlüpfen gleich wieder vergessen, dass Sie es überhaupt anhaben.
Die richtige Kleidung ist nicht nur die Voraussetzung für kompetentes und seriöses Aussehen, sondern auch dafür, dass sich Ihre natürliche Körpersprache voll entfalten kann. Zu enge Sakkos machen große, ausholende Gesten unmöglich, ein knapp sitzender Rock nimmt Ihnen die Bewegungsfreiheit. Und dann passiert der Super-GAU: Der Körper spricht eine unnatürliche Sprache. Worte und Körpersprache passen nicht mehr zusammen, Sie verlieren an Selbstvertrauen, Ausstrahlung und Wirkung.
Vielleicht gehören Sie zu den Menschen, denen Kleidung im Grunde nicht so wichtig ist.
Vielleicht wollten Sie ursprünglich auch dieses Kapitel gar nicht lesen, weil es Ihnen widerstrebt, Äußerlichkeiten eine so große Bedeutung zukommen zu lassen.
Vielleicht halten Sie es für unnötig, zu viele Gedanken an Kleidung zu verschwenden, weil Sie der Meinung sind, dass das Wichtigste an einem Menschen immer noch seine Gedanken und sein Wesen sind.
Falls Sie diese Bedenken haben, kann ich Sie beruhigen: Es geht in diesem Kapitel nicht darum, aus Ihnen einen neuen Menschen zu machen. Nein – ich möchte Ihnen vielmehr zeigen, wie Sie Ihren Zuhörern dabei helfen

können, zu verstehen, wer Sie wirklich sind. Wir werden uns nicht damit beschäftigen, welche Farbe Ihre Bluse haben soll, damit sie gut zu Ihren schönen blauen Augen oder zu Ihrem kastanienbraunen Haar passt. Nein – wir werden da schon etwas tiefer graben.

Wie können Sie durch Ihre Kleidung Ihre innere Einstellung, Ihre Haltung, ausdrücken? Und: Welches Outfit passt zu welchem Redetyp? Wie unterstreichen Sie am besten Ihre Stärken? Was sollten Sie besser vermeiden? Welche Accessoires lenken zu sehr von Ihnen ab?
Ich selbst habe – spätestens nach meinem Goldkleidauftritt – erkannt, wie wichtig optische Faktoren für einen gelungenen Auftritt sind, und hole mir regelmäßig Anregungen von Farb- und Stilberatern. Und ich muss sagen: Es lohnt sich absolut. Ich kenne nun „meine" Farben (ich bin ein sogenannter Herbst-Frühling-Mischtyp) und greife beim Einkaufen nur noch ganz selten zu für mich unmöglichen Stücken (das spart Geld!).
Ein Tipp, falls Sie ebenfalls vorhaben, eine Stilberaterin aufzusuchen: Achten Sie darauf, dass sie nicht nur Ihre äußeren Eigenschaften (wie Haare, Hauttyp, Augenfarbe, Körperbau) in die Beratung mit einbezieht, sondern Sie als Ganzes wahrnimmt.

Eine Stilberaterin, mit der ich sehr gerne zusammenarbeite, ist Maria Pauline Hofer. Sie hat gemeinsam mit mir dieses Kapitel ausgearbeitet. Dabei hat sie mir eine Geschichte erzählt, die gut zeigt, dass man mit dem richtigen Outfit seinem Auftritt den letzten Schliff – oder aber den Todesstoß verpassen kann.
Maria Pauline Hofer war als Zuhörerin bei einem Vortrag einer sehr kompetenten Rednerin. Alles hat gepasst: ihre Sprache, die Körpersprache, der Inhalt der Rede war interessant, die Rednerin hat guten Blickkontakt zum Publikum gehalten, sie war locker und souverän. Trotzdem haben die Zuhörer außerordentlich aggressiv auf den Vortrag reagiert und die Rednerin in der anschließenden Fragerunde richtiggehend „zerlegt". Warum haben die Zuhörer das getan – obwohl die Rede doch einwandfrei und der Inhalt ohne Fehler war? Die Rednerin war von Kopf bis Fuß rot gekleidet. Und somit für ihre Zuhörer im wahrsten Sinn des Wortes ein „rotes Tuch".
Rote Kleider können im „richtigen Leben" toll aussehen. Genauso wie lange Ohrringe, leicht transparente Shirts und auffällig gemusterte Blusen. Auf der Bühne jedoch gelten andere Gesetze.

Welche Kleidungsstücke und Accessoires sind für öffentliche Redesituationen geeignet, was sollten Sie besser weglassen?

Unsere Tipps – von Kopf bis Fuß:
Haare: Eine gepflegte Frisur ist auf der Bühne ein Muss; dabei ist der Begriff „gepflegt" recht dehnbar. Faustregel: Ihre Haare sollten so weit gebändigt sein, dass Sie sie nicht ständig mit den Händen aus dem Gesicht streichen müssen. Im Idealfall ist Ihr Gesicht auf der Bühne möglichst frei und gut sichtbar. Was aber, wenn Sie Ihr Haar immer offen tragen und sich mit einem strengen Knoten selbst ganz fremd sind? Stecken Sie nur die vorderen Haare nach hinten oder machen Sie sich einen lockeren Knoten. Denn im Vordergrund sollte immer stehen, dass Sie sich wohlfühlen, so Maria Pauline Hofer. Nur so sind Sie wirklich Sie selbst.

Brille: Grundsätzlich gilt: Eckige Brillen wirken kompetenter als runde. Vermeiden Sie auf der Bühne getönte Gläser und tragen Sie nur Brillen mit entspiegelten Gläsern. Wollen Sie die Zuhörer mit Ihrer Rede mitten ins Herz treffen: Greifen Sie zur randlosen Brille. Möchten Sie Distanz zum Publikum wahren? Dann nehmen Sie eine Brille mit Rahmen, das verleiht Ihnen Schutz.

Schmuck: Entscheiden Sie sich für EINEN Blickfang: Kette oder Ohrringe? Auffälliger Gürtel oder lange Kette? Auf keinen Fall darf ein Schmuckstück mit dem anderen in Konkurrenz treten. Große Ohrringe UND eine große Kette UND ein Armband funktionieren überhaupt nicht. Besser: dezente Ohrringe plus eine auffällige Kette. Oder auffällige Ohrringe und KEINE oder nur eine sehr dezente Kette.

Tragen Sie ein extravagantes Kleid, nehmen Sie maximal ein extravagantes Teil als Accessoire (also Ohrringe ODER eine Kette ODER ein Armband ODER einen großen Ring ODER einen Gürtel). Vermeiden Sie bei einer Präsentation alles, was sich zu viel bewegt. Das macht Ihren Auftritt unruhig und lenkt die Blicke der Zuhörer zu sehr auf Ihren Schmuck – und weg von Ihrem Vortrag!

Ohrringe: Ohrringe sind für die Frau, was die Krawatte für den Mann ist. Nehmen Sie Ohrringe, die nicht wackeln, also Ohrstecker oder Clips. Besonders dann, wenn Sie ein Headset benützen, sind lange Ohrringe ungünstig. Sie verfangen sich leicht und schlagen gegen das Mikro!

Ketten: Entscheiden Sie sich für eine Kette, die ruhig am Körper liegt. Bunte Ketten lenken zu sehr ab, große Ketten sind erlaubt – wenn es zu Ihrem Typ passt.

Ringe, Uhren, Armbänder, Manschettenknöpfe: Greifen Sie zu auffälligen Ringen, Uhren oder Armbändern, wenn Sie Ihrer Gestik besonderen Ausdruck verleihen möchten und Sie ein Mensch sind, der gerne und gut mit den Händen spricht. Oder aber, wenn Ihre Gesten sehr klein sind. Durch Accessoires wirken Ihre Handbewegungen dominanter und verleihen dem Wort mehr Ausdruck. Achten Sie darauf, dass die Armreifen nicht klimpern!

Tücher: Ein Tuch schafft Distanz. Sie können es aber sehr wohl einsetzen, wenn Sie das Gefühl haben, auf der Bühne ein wenig Schutz gebrauchen zu können.

Krawatten: Achten Sie darauf, dass Sie die Krawatte nicht zu kurz binden! Vor allem dann, wenn Sie auf einer höheren Bühne stehen und ein kleines Bäuchlein haben. Ist die Krawatte zu kurz, sehen die Zuhörer, die zu Ihnen hinaufsehen, nur Ihren Bauch. Die Krawatte sollte immer bis zum Gürteldorn reichen, das ist die Mitte des Gürtels.

Oberteile, Blusen, Hemden: Wenn Farben, dann bitte nur in Gesichtsnähe! Bei einer Rede sind vor allem Sprache, Wort und die Persönlichkeit des Redners wichtig, nicht so sehr aber der Körper. Je ruhiger Sie sich unten kleiden, desto mehr beachten die Zuhörer Ihr Gesicht und konzentrieren sich auf den Inhalt Ihrer Rede.
Oberteile dürfen auf keinen Fall folgendermaßen aussehen:

- Gepunktet, gestreift, wild gemustert. Allein der Gedanke an einen Redner in einem auffällig gemusterten Hemd verursacht Schwindelgefühle und Reizüberflutung!
- Sexy. Weiblichkeit im Business: ja! Sexy: geht gar nicht!
- Zu kurz. Bitte keine Nabelschau! Außerdem verleitet ein zu kurzes Oberteil dazu, ständig daran zu ziehen.
- Zu dekolletiert.
- Zu eng. In einem zu engen Oberteil ist Ihre Bewegungsfreiheit enorm eingeschränkt. Ihre Körpersprache ist nicht mehr authentisch.
- Durchsichtig. Testen Sie Ihr Oberteil vor Ihrem Auftritt:

Manche Materialien werden erst im Gegenlicht durchsichtig!

Nehmen Sie zu Ihrem Auftritt immer ein Ersatzoberteil mit. So haben Sie keinen Grund für einen mittleren Nervenzusammenbruch, wenn Ihnen vor Ihrer Rede jemand Kaffee über die Bluse schüttet – und Sie haben den Kopf frei für anderes (für Ihre Rede und die Zuhörer zum Beispiel).

Hosen, Röcke: Verwenden Sie unauffällige und dezente Farben – so lenken Sie die Aufmerksamkeit auf Ihr Gesicht und Ihre Worte.
Für Röcke gilt: Sie sollen, wenn Sie stehen, unbedingt die Knie bedecken, sonst gewähren Sie Ihren Zuhörern vielleicht Einblicke, die Sie ihnen freiwillig niemals gewährt hätten!

Erkundigen Sie sich vor Ihrem Auftritt: Werden Sie hinter einem Rednerpult stehen oder sitzen Sie auf der Bühne?
Bei Reden hinter dem Pult sieht man nur Ihren Oberkörper. Wählen Sie als Blickfang besser Ohrringe oder eine kurze Kette als einen Gürtel oder lange Ketten!
Bei Reden im Sitzen, zum Beispiel bei Podiumsdiskussionen: Ziehen Sie wirklich nur einen Rock an, der lang genug ist und in dem Sie sich sicher und wohlfühlen. Auch zu eng sollte der Rock nicht sein, Sie sitzen sonst mit verkrampft übereinandergeschlagenen Beinen auf Ihrem Bühnenstuhl und müssen sich schmaler und kleiner machen, als Sie sind. Wie sollen in dieser Körperhaltung Ihre Argumente die gewünschte Wirkung zeigen?
Ich habe in den letzten Jahren mit allen möglichen Bühnenröcken herumexperimentiert und bin zu dem Schluss gekommen: Am wohlsten fühle ich mich in Hosen.

Socken, Strümpfe: Schuhe, Socken/Strümpfe und Hosen bzw. Röcke sollten immer in einer Farbe sein. Braune Schuhe zu schwarzer Hose, blaue Strümpfe zu grünem Rock, beige Schuhe zu blauer Hose – das alles wirkt zu unruhig und lenkt ab.
Achten Sie darauf, dass die Socken nicht zu kurz sind! Vor allem wenn Sie im Sitzen sprechen. Beim Raufrutschen der Hose sollte die Haut nicht sichtbar sein. Greifen Sie beim Reden in Sitzen besser zu Kniestrümpfen.
Falls Sie Strumpfhosenträgerin sind: Vergessen Sie nicht auf Ihre Ersatzstrumpfhose!

Schuhe: Gehen Sie niemals mit ungeputzten und ungepflegten Schuhen auf eine Bühne!

Neue Schuhe können sich als Falle herausstellen. Wenn Sie schon einmal zwei Stunden in nicht eingelaufenen Schuhen stehend verbracht haben, wissen Sie, was ich meine. Ihre Haltung leidet unter schmerzenden Füßen (gute Körperhaltung beginnt bei den Füßen!) und Ihre Konzentration ist dahin, wenn Sie nur noch damit beschäftigt sind, sich die Schmerzen nicht anmerken zu lassen.
Achten Sie auch darauf, dass Sie in Ihren Bühnenschuhen den Kontakt zum Boden nicht verlieren. Die Schuhe müssen so beschaffen sein, dass Sie in ihnen eine aufrechte Körperhaltung und einen sicheren Stand einnehmen können!
Runde Schuhe wirken inkompetent! Besonders Frauen sollten auf der Bühne daher spitze oder eckige Schuhe tragen.
Farbige Schuhe und stark glänzende Lackschuhe ziehen zu viel Aufmerksamkeit auf das Schuhwerk: Bitte vermeiden!
Für Männer gilt: Schuhe und Gürtel immer in der gleichen Farbe und in der gleichen Art des Leders!

Stoffe, Materialien: Vermeiden Sie auf der Bühne ...

1. alle Materialien, die Schweiß sichtbar machen, wie zum Beispiel Seide. Polyester und generell Stoffe mit hohem Kunstfaseranteil fördern die Schweißbildung. Besser: Materialien mit höherem Elasthangehalt;
2. alle Stoffe, die die Bewegungen nicht mitmachen und einengen;
3. alles, was zu stark glänzt. Glänzende Materialien lenken ab. Sie sollen wirken – nicht Ihre Bluse!
4. Stoffe, die knittern, wie zum Beispiel Leinen. Bedenken Sie, dass Sie erst einmal zum Auftrittsort fahren müssen. Kein Leinenrock dieser Welt übersteht eine längere Auto- oder Bahnfahrt, ohne Falten zu werfen.

Styling-Tipps für Ihren Redetyp

Sie haben noch die fünf unterschiedlichen Redetypen vor Augen? Der Dominante, der Lebendige, der Einfühlsame, der Sachliche und der Entertainer.
Die fünf Redetypen unterscheiden sich in ihrer Sprache, in der Gestik, der Mimik, in ihrer Motivation, eine Rede zu halten, im Redeziel, in der Art der Vorbereitung, in ihrer Haltung zum Publikum. Kein Typ ist besser oder schlechter – sondern eben anders.
Kleider und Accessoires können Sie als Typ unterstreichen und Ihre Einzigartigkeit gut hervorheben. Falsche Accessoires hingegen können verstörend wirken und Botschaften aussenden, hinter denen Sie nicht stehen und die Sie auf keinen Fall vermitteln wollen.
Ich selbst zum Beispiel gehöre zur Gruppe der „Lebendigen". In zu extravaganter Kleidung fühle ich mich irgendwie verkleidet. Außerdem mag ich es überhaupt nicht, wenn man mir die Haare streng aus dem Gesicht frisiert und mich zu stark schminkt. Ich bin dann nicht mehr ich selbst. Wenn ich mich schon nicht mehr als authentisch empfinde – wie sollen es dann meine Zuhörer?

1. Der Dominante

Er betritt eine Bühne nicht – er erscheint. Und plötzlich weht ein Hauch von Macht und Glamour durch den Saal. Der „Dominante" möchte durch seinen Kleidungsstil nicht sich als Mensch oder seine Botschaften besonders hervorheben, sondern sein Image. Ihm geht es nicht darum, auf jeden einzelnen Zuhörer einzugehen, er bleibt lieber auf Distanz, will sein Publikum beeindrucken und bewundert werden. Für das, was er ist und was er hat. Statussymbole sind ihr/ihm wichtig – und passen auch gut zu diesem Typ!

Das unterstreicht Ihren Typ:

- Extravagante Kleidung
- Hochmodische Kleidung
- Glatte, ungewöhnliche Stoffe: erzeugen Glanz und Distanz
- Edle, hochwertige Materialien bei Kleidern, Schuhen und Accessoires
- Ausgefallene Schnitte
- In der Farbwahl zurückhaltend. Gedeckte Töne: beige, braun, grau, schwarz. Farben, die Ihr Image unterstreichen.

- Hochwertige Details
- Das gewisse Etwas: Zu klassisch darf die Kleidung nicht sein!
- Halstuch
- Piccadilly-Kragen
- Perfekter Haarschnitt
- Perfekt sitzende Frisuren
- Perfektes Make-up
- Männer: genagelte Schuhe, die Lärm machen, deren Auftritt man hört
- Frauen: Schuhe mit Absätzen und nicht aus Gummi
- Teure, edle Accessoires, denen man ansieht, dass sie teuer waren – die etwas mehr gekostet haben oder speziell angefertigt wurden: Krawatten, Manschettenknöpfe, Uhren, Schmuck

Bitte weglassen:
- Grobe Stoffe
- Schreiende, grelle Farben
- 08/15-Anzüge oder -Kostüme
- Ethno-Accessoires

2. Der Lebendige

Der Lebendige möchte nicht bloß „irgendwas" tragen, das schön und zweckmäßig ist – er möchte durch seine Kleidung vielmehr Teile seiner Persönlichkeit zeigen und hervorheben. Er trägt Accessoires nicht nur aus dem Grund, weil sie so gut zum Rest des Outfits passen, sondern diese Teile müssen bei ihm immer eine persönliche Bedeutung haben: zum Beispiel die weit gereiste Handtasche oder der Ring, den er oder sie immer trägt, weil er an einen besonderen Menschen erinnert. Da der lebendige Redner gerne gestikuliert, braucht er Kleidungsstücke, die ihm die volle Bewegungsfreiheit geben.

Das unterstreicht Ihren Typ:
- Kleidung, die Ihre Bewegungen mitmacht
- Kleidung, in der Sie sich wohlfühlen
- Fließende Stoffe, die Ihre Lebendigkeit unterstreichen: Baumwolle mit Elasthan, Viskose mit Elasthananteil
- Dezente Farben, damit Ihre Lebendigkeit nicht von der Kleidung überstrahlt wird
- Dezentes Make-up

- Natürliche, aber gepflegte Haare, die bei Ihren Bewegungen mitgehen
- Besondere Accessoires, die Ihre Persönlichkeit zeigen

Bitte weglassen:

- Stoffe, die Sie in Ihrer Bewegungsfreiheit einschränken
- Glänzende Stoffe: wirken zu kühl und distanziert
- Protzige Accessoires: schaffen ebenfalls Distanz
- Strenge Haarknoten, Gelfrisuren

3. Der Einfühlsame

Dem einfühlsamen Redner sind Äußerlichkeiten nicht so wichtig, bei ihm steht die Botschaft im Vordergrund. Aus diesem Grund ist weniger mehr. Nichts soll die Zuhörer von seiner Botschaft, von seinem Herzensanliegen ablenken. Auffällige und teure Accessoires, wie Uhren oder Schmuck, würden ihm sofort ein falsches Image verpassen und sein Publikum irritieren. Je weniger Accessoires ein Mensch dieser Gruppe trägt, desto besser wirkt er. Schmuck kann er sogar ganz weglassen, es sei denn, das Stück (zum Beispiel eine auffällige Ethnokette) stehen im Zusammenhang mit seinen Anliegen!

Das unterstreicht Ihren Typ:

- Klare Linien
- Zurückgenommene Kleidung
- Wenige Farben
- Dezente oder gar keine Accessoires – je weniger Sie an Schmuck tragen, desto besser können Sie wirken
- Natürliche Stoffe wie Baumwolle
- Weiche Stoffe, in denen Sie sich wohfühlen
- Gerne auch grobe Stoffe
- Kleidung, in der Sie sich wohlfühlen und in der Sie sich nicht verkleidet fühlen
- „Kommunikationsbrillen", also randlose BrIllen
- Runde Gürtelschnallen

Bitte weglassen:

- Muster und Schnickschnack
- Synthetische Stoffe

- Glänzende Stoffe
- Auffällige Accessoires
- Krawatten, falls Sie sich damit nicht wohlfühlen
- Rahmenbrillen: schaffen Distanz
- Eckige Gürtelschnallen: wirken zu streng
- Statussymbole wie teure Uhren und Manschettenknöpfe

4. Der Sachliche

Dem Sachlichen geht es vor allem um Inhalte und Fakten, er muss sich auf der Bühne sicher fühlen. Dieser Rednertyp legt meist keinen allzu großen Wert auf seine Kleidung, Statussymbole sind ihm komplett egal. Zu ihm passen Kleidungsstücke und Accessoires, die ihn in seiner Einzigartigkeit bestärken. Ihm verzeiht man auch kleine „Styling-Sünden". Zum Beispiel ist es bei ihm kein Problem, wenn seine Schuhe schon ein wenig abgetragen wirken. Nur geputzt müssen sie sein!
Die „Sachlichen" neigen am ehesten dazu, sich für einen Bühnenauftritt zu „verkleiden". Da Ihnen Kleidung im Prinzip egal ist, lassen sie sich gerne etwas aufschwatzen, das sie im „normalen" Leben niemals kaufen würden. Bei ihrem Auftritt stellen sie dann jemanden dar, der sie nicht sind, und fühlen sich verunsichert und unwohl.

Das unterstreicht Ihren Typ:

- Klassische Anzüge oder Kostüme ohne extravagante Details
- Damen: eher Hosenanzüge als Kostüme
- Gedeckte Farben und keine Muster, damit der Inhalt Ihrer Rede nicht überstrahlt wird
- Frisur muss gepflegt sein, aber nicht topgestylt
- Details, die Ihre Persönlichkeit und vielleicht sogar Ihre Eigenarten unterstreichen: die alten Lieblingsschuhe, die nicht mehr topmodische, aber heiß geliebte Krawatte, die Lieblingskette
- Schuhe, in denen Sie sicher auf dem Boden stehen
- Schuhe, die keinen Lärm machen
- Schuhe, die Sie vielleicht sogar im Alltag tragen – in denen Sie sich sicher fühlen
- Damen: niedrige Absätze
- Dezentes Make-up

Bitte weglassen:

- Zu Modisches
- Auffällige, extravagante Kleidungsstücke
- Grelle Farben
- Krawatten, falls Sie sich damit nicht wohlfühlen
- Genagelte Schuhe, die Lärm erzeugen
- Glänzende Materialien
- Kleidung, die Sie sich extra für Ihren Auftritt kaufen und in der Sie sich verkleidet vorkommen

5. Der Entertainer

Menschen, die diesem Rednertyp angehören, kreieren gern ihr eigenes Markenzeichen: eine ungewöhnliche Frisur, bunte Brillen, extravagante Sakkos. Ihr Kleidungsstil ist meist recht individuell, bei ihm ist fast alles erlaubt. Zum Beispiel ist er der einzige Redetyp, der auf der Bühne kräftige und grelle Farben tragen kann. Er möchte durch seine Kleidung vor allem eines: auffallen.

Das unterstreicht Ihren Typ:

- Ein speziell für Sie angefertigtes Sakko aus einem ungewöhnlichen Stoff
- Ausgefallene Frisuren, gern auch Frisuren, die als Markenzeichen dienen
- Extravagante und ausgefallene Kleidung, die nicht teuer sein muss
- Auffällige Brillen, gern auch bunte Brillen
- Große Details und Accessoires
- Individuelle Details und Accessoires: Gürtel, Hüte, Ketten, Armbänder

Bitte weglassen:

- Zu kleine und unauffällige Details
- Zu edle Stoffe
- Genagelte Schuhe
- Kostümchen
- Zu viele Harmonien in der Kleidung: wirken bei Ihnen langweilig
- Naturstoffe
- Naturfarben: würden Sie zu sehr zurücknehmen

Teil 3: WIRKEN

Die Frage nach dem Sinn

Reden Sie nur oder leben Sie, was Sie sagen? Bestimmt kennen Sie den Unterschied. Lassen Sie sich Ihre Redeerlebnisse der letzten Jahre und Jahrzehnte noch einmal durch den Kopf gehen: Wann haben Sie bloß gesprochen, wann haben Sie Ihre Rede gelebt? Ich bin mir sicher, es fallen Ihnen sofort einige Beispiele ein.

Ich war immer schon eine begeisterte und wohl auch recht talentierte Rednerin. Das hat sich erstmals in der Schule gezeigt, als ich begonnen habe, Referate zu halten. Ich habe es sofort geliebt. Es machte mir Spaß, mich über Wochen hinweg mit einem Thema zu beschäftigen, immer mehr darin aufzugehen und es schließlich der Klasse näher zu bringen. Stand ich da vorne, mit glühenden Wangen und lebhafter Gestik, war es im Klassenzimmer jedes Mal so still, dass man die berühmte Stecknadel hätte fallen hören können. Ich war total ins Geschehen vertieft – zu 100 Prozent im Hier und Jetzt; meine Klassenkollegen dankten es mir, indem sie mir ihre volle und ungeteilte Aufmerksamkeit schenkten, das spürte ich ganz genau. Alle Augen waren auf mich gerichtet, alle hörten mir zu. Meine Zuhörer waren ganz bei mir – und ich bei ihnen.

Später habe ich mich dann zu einer kompetenten Rednerin und Moderatorin entwickelt, der es nicht schwergefallen ist, in jeder Situation die richtigen Worte parat zu haben. Das Feuer von damals ist allerdings einer gewissen Professionalität gewichen. Verstehen Sie mich nicht falsch: Sie brauchen, um eine wirklich gute Rede zu halten, Know-how und Struktur. Was aber mindestens ebenso wichtig ist: Herzblut, Leidenschaft und der Glaube an das, was Sie sagen.

An einem verregneten Nachmittag im März 2007 habe ich das Redefeuer von einst in mir wiedergefunden. An diesem Tag hatte ich die große Ehre, im österreichischen Parlament bei einer Veranstaltung anlässlich des internationalen Frauentages eine Rede halten zu dürfen.

Es ging um Hindernisse und Chancen, denen man sich als Frau im täglichen (Berufs-)Leben stellen muss und darf. Ich hatte für meinen Vortrag keine großartigen und aufwendigen Ungerlagen zur Hand, sondern bloß einen kleinen Stichwortzettel. Vor allem aber hatte ich mich – meine Gedanken und Erfahrungen –, ein Thema, zu dem ich wirklich etwas zu sagen hatte, und ein Publikum, das an meinen Worten interessiert war. Dieser Auftritt ergab für mich Sinn. Und ich weiß: An diesem Nachmittag bin ich über mich selbst hinausgewachsen.

Vielleicht kennen Sie die Momente, in denen man aufhört, einfach nur eine professionelle Rednerin, ein professioneller Redner zu sein, sondern beginnt, Gedanken und Herz „auf der Zunge zu tragen" und sich als der Mensch zu zeigen, der man tatsächlich ist.

Ich nenne diese Momente „die Momente des Sichtbar-Seins".

Zu reden ist der Versuch, sichtbar zu werden.

Ob das gelingt oder nicht, entscheidet sich meist nicht erst während Ihrer Rede, sondern schon lange davor. Ob Sie bei Ihren Zuhörern ankommen und Spuren hinterlassen, hängt nicht (nur) von Ihrem Auftritt selbst ab, sondern von einer Reihe von Fragen, die Sie sich stellen sollten, bevor Sie den Auftrag, die Rede zu halten, annehmen.

1. Habe ich zu diesem Thema etwas zu sagen?

Manche Rhetoriktrainer raten dazu, aus Übungszwecken jede Chance für einen Auftritt unbedingt zu ergreifen. Ich rate davon ab. Reden Sie zum falschen Thema auf der falschen Veranstaltung, werden Sie keine positiven Erfahrungen sammeln, sondern eher an Selbstachtung verlieren.

In einer derartigen Situation können Sie sich um Hals und Kragen reden – Sie werden nicht gehört. Sie können in Ihrer ganzen Pracht auf der Bühne stehen – und werden doch nicht gesehen. Sie können Ihre Sätze geschliffen formulieren – und werden dennoch nicht verstanden.

2. Schaffe ich es, das Thema zu „meinem Thema" zu machen?

Wichtig: Nehmen Sie den Auftrag, eine Rede zu halten, nur dann an, wenn Sie es schaffen, das Thema, über das Sie sprechen sollen, zu „Ihrem" Thema zu machen. Egal, ob es sich um eine Produktpräsentation handelt oder um eine Rede vor dem Gemeinderat: Sie können auf der Bühne nur dann richtig gut sein, wenn Sie den übergeordneten Sinn hinter Ihrem Auftritt erkennen. Ein Redner, dem dieser Sinn verborgen bleibt, agiert als Redemaschine. Und welche Redemaschine vermag es schon, das Publikum zu packen und nachhaltig in Erinnerung zu bleiben?

3. Worin liegt für mich der übergeordnete Sinn?

Nehmen wir einmal an, Sie müssen über die Vorzüge eines neuen Haarshampoos referieren, das Ihre Firma demnächst auf den Markt bringen wird.

Nun haben Sie die Wahl: Entweder Sie spulen die Präsentation routiniert ab, oder aber Sie finden noch eine andere Motivation für Ihren Vortrag als das neue Produkt an sich. Auch wenn Sie ein begabter und hoch professioneller „Abspuler" sind, so plädiere ich doch immer für die zweite Möglichkeit.

Der übergeordnete Sinn ihres Auftritts könnte beispielsweise darin liegen, dass Sie mit Ihrer Präsentation dazu beitragen, dass Ihre Firma Umsatz und Ergebnis steigert. Somit werden bestehende Arbeitsplätze erhalten und womöglich sogar neue Arbeitsplätze geschaffen. Oder darin, dass diese Präsentation Ihre Chance ist, zum ersten Mal in einem größeren Rahmen Ihre Fähigkeiten unter Beweis zu stellen und zu demonstrieren, dass Sie für die nächste Sprosse auf der Karriereleiter bereit sind. Oder der Sinn liegt in Ihrem Engagement für die Rechte von Tieren und Sie sind stolz darauf, ein Produkt vorstellen zu dürfen, das ohne die Hilfe von Tierversuchen entwickelt wurde.

Wollen Sie mit Ihrer Rede Wählerstimmen gewinnen oder die Zustimmung Ihrer Mitarbeiter? Ganz egal, ob Sie den Sinn Ihres Tuns darin sehen, die Aufmerksamkeit Ihrer Vorgesetzten auf sich zu lenken oder die Welt ein Stück weit zu verbessern – entscheidend ist, dass Sie Ihre innere Motivation immer klar vor Augen haben.

4. Passt die Veranstaltung zu mir?

Welche Wirkung Sie beim Publikum erzielen, in welche Schublade es Sie steckt, hängt nicht nur allein von Ihnen ab, sondern auch von dem Rahmen, in dem Sie auftreten, und von den Menschen, mit denen Sie sich umgeben. Ihre Zuhörer sehen in Ihnen das, was Sie von sich preisgeben, dabei spielt auch eine große Rolle, wo Sie es preisgeben.

5. Wer ist der Veranstalter?

Treten Sie beispielsweise bei einer von einer politischen Partei initiierten Veranstaltung auf, werden Ihre Zuhörer davon ausgehen, dass Sie dieser Partei ideologisch nahestehen – auch wenn das vielleicht gar nicht der Fall ist. Achten Sie darauf, dass Sie nicht ungewollt für etwas stehen, das Ihnen nicht entspricht und für das Sie überhaupt nicht stehen wollen. Sie treten, um jemandem einen Gefallen zu tun, bei einer Veranstaltung auf,

um die Sie in normalen Umständen einen weiten Bogen gemacht hätten? Sie sind bei einem Kongress einer von mehreren Rednern und einige der Referenten vertreten eine Gesinnung, der Sie nichts abgewinnen können oder die Ihnen sogar widerstrebt?
Denken Sie immer daran: Ihre Absicht („Ich mache es für einen guten Freund") und die Außenwirkung, die Sie damit erzielen („Aha – in diese politische Ecke gehört der/die also!") gehen oft sehr weit auseinander. Das Publikum kennt Ihre guten Gründe nicht. Es nimmt nur wahr, was es sieht – und verpasst Ihnen ein Image, das Sie nur schwer wieder loswerden.
Oft kommen Anfragen aus dem „eigenen Haus", also vom Arbeitgeber. Diesen Anfragen können Sie natürlich nur schwer absagen. Umso wichtiger ist es, nach dem eigenen Zugang zu forschen!

Sie haben beschlossen, die Rede zu halten?
Entscheiden Sie sich bewusst dafür!
Halten Sie eine Rede niemals nur deshalb, weil Sie sich dazu verpflichtet fühlen oder denken, dass Sie es müssten.
Besser, als etwas tun zu müssen, ist, sich dafür zu entscheiden.
Beschließen Sie in Zukunft also nach gründlichem Abwägen, sich der Herausforderung eines öffentlichen Redeauftritts zu stellen, ersetzen Sie die Worte „ich muss" durch „ich entscheide mich".
Jedes „ich muss" klingt nach Schwere, Lieblosigkeit und Qual, „ich entscheide mich" hingegen nach Selbstbestimmtheit, Freude und Kraft.

Checkliste:

Einen Redeauftrag annehmen – oder es besser bleiben lassen?

1. *Ich bin beim Thema XY (zu dem ich sprechen soll) inhaltlich sattelfest:* *JA/NEIN*
2. *Ich könnte etwaige Fragen aus dem Publikum kompetent beantworten:* *JA/NEIN*
3. *Ich habe mich bereits ausführlich mit dem Thema XY beschäftigt:* *JA/NEIN*
4. *Ich bin über das Thema XY besser informiert als mein Publikum:* *JA/NEIN*
5. *Die Zuhörer sind am Thema XY interessiert:* *JA/NEIN*
6. *Ich finde zum Thema XY meinen eigenen Zugang:* *JA/NEIN*

7. *Ich erkenne in meinem Auftritt einen übergeordneten Sinn:* *JA/NEIN*
8. *Die Veranstaltung, bei der ich reden soll, passt zu mir:* *JA/NEIN*
9. *Der Initiator der Veranstaltung ist seriös:* *JA/NEIN*
10. *Meine beste Freundin/mein bester Freund würde mir raten, im Rahmen dieser Veranstaltung aufzutreten und einen Vortrag zum Thema XY zu halten:* *JA/NEIN*

Sie haben die Aussage Nr. 10 und mindestens acht weitere mit JA bestätigt? Einer Zusage steht nichts mehr im Weg.

Nein sagen

Stress hat, wer JA sagt und NEIN meint.
Sie werden als Redner für eine Veranstaltung angefragt. „Nein", ruft Ihre innere Stimme klar und deutlich – aber Sie sagen zu.
„Es wird schon irgendwie gehen", beruhigen Sie sich.
Zwanzig Sekunden später bereuen Sie Ihre Zusage schon. Wieder einmal fühlen Sie sich überrumpelt und ärgern sich über sich selbst.
Die Situation kommt Ihnen irgendwie bekannt vor? Dann gehören Sie wahrscheinlich zu dem Typ Mensch, dem – wenn überhaupt – nur sehr schwer ein Nein über die Lippen kommt. Damit tun Sie sich nichts Gutes! Wer nicht Nein sagen kann, lässt zu, dass seine persönlichen Grenzen immer wieder überschritten werden. Wer immer nur Ja sagt, spielt in seinem Leben nicht die Hauptrolle und schwächt sich damit selbst. Auch mal Nein zu sagen heißt, Verantwortung zu übernehmen und über das eigene Leben selbst zu bestimmen. Nein sagen macht stark! Immer Ja zu sagen hingegen sägt auf die Dauer ganz schön am eigenen Selbstwertgefühl. Und genau hier schließt sich der Kreis: Ein gesundes Selbstwertgefühl ist die Grundvoraussetzung für einen gelungenen Redeauftritt. Gerade, wenn Sie auf eine Bühne steigen und sich den kritischen Augen und Ohren Ihrer Zuhörer aussetzen, müssen Sie innerlich gefestigt sein. Ein Auftritt an sich bedeutet schon genug Stress.
Ich empfehle Ihnen, Reden und Präsentationen nur dann zu halten, wenn Sie es wirklich wollen und dazu bereit sind. Ist das nicht der Fall: Sagen Sie ab!

Sechs Schritte vom Ja- zum Neinsager

1. Schritt: Üben Sie in alltäglichen Situationen
Beobachten Sie sich im Alltag: Wann sagen Sie Ja, obwohl Sie Nein meinen?
Eine Freundin hat mir einmal erzählt, dass es sie unheimlich stört, wenn sie in der Parfümerie gefragt wird: „Darf ich Ihnen noch einen Duft draufsprühen?“ Sie würde am liebsten schreiend davonlaufen, trotzdem antwortet sie jedes Mal ganz freundlich: „Ja klar.“
Derartige Alltagssituationen eignen sich hervorragend zum Üben. Überwinden Sie sich und formen Sie beim nächsten Mal ein deutliches „Nein, danke!“, wenn Sie etwas nicht wollen. Beim ersten Mal fällt es vielleicht noch schwer, aber Sie werden sehen: Man kann richtig süchtig danach werden, Nein zu sagen!

2. Schritt: Hören Sie auf, sich den Kopf der anderen zu zerbrechen
Gerade wenn wir innerlich gestresst sind, fallen uns tausend Gründe ein, warum unser Gegenüber eine Absage nicht verkraften könnte. Der Clou an der Sache: Besagtes Gegenüber sieht das meist wesentlicher entspannter als wir.

Ein Kollege hat mich einmal per E-Mail gefragt, ob ich ausnahmsweise für eine Sendung der Außenreporter sein könnte. Ich hätte an diesem Tag eigentlich frei gehabt und war zu dieser Zeit gerade ziemlich erschöpft. Für mich war klar: Das geht nicht, ich brauche meinen freien Tag. Jedoch – so absurd es vielleicht klingen mag –, ich habe es nicht geschafft, abzusagen. Zwei volle Tage lang bin ich mit dieser Sache, die mir inzwischen schwer im Magen lag, herumgelaufen. In meinem Kopf hat sich die im Grunde völlig nebensächliche Angelegenheit zu einer Riesengeschichte entwickelt.
Ich habe hin und her überlegt, wie ich meine Absage am besten begründe und so formuliere, dass ich meinen Kollegen nicht kränke. Habe mir den Kopf über unseren Dienstplan zerbrochen. Schließlich fasste ich mir ein Herz: „Du – ich kann das nicht machen. Ich habe am Freitag nächste Woche frei.“ Und wissen Sie was? Er hat mich kurz angesehen und geantwortet: „Okay!“ Einfach so. Er war weder beleidigt oder böse auf mich noch sind der Dienstplan und die Welt zusammengebrochen.
Sie sehen: Sie können den anderen ein NEIN zumuten!

3. Schritt: Atmen Sie durch
Gewöhnen Sie sich an, ein oder zwei Atemzüge verstreichen zu lassen, bevor Sie eine Frage beantworten. Atmen Sie tief in den Bauch, so finden Sie schnell in Ihre Mitte und können die Entscheidung treffen, die für Sie die wirklich richtige ist.

4. Schritt: Verschieben Sie die Antwort in die Zukunft
Befreien Sie sich von dem Druck, immer gleich eine Entscheidung treffen zu müssen. Legen Sie sich für den Anfang zwei Standardsätze zurecht, die Sie automatisch anwenden, wenn Sie gefragt werden, ob Sie dieses oder jenes übernehmen könnten.
Für mich gut bewährt haben sich: „Ich möchte gern eine Nacht drüber schlafen und gebe Ihnen/dir morgen Bescheid" und „Ich muss mir das noch einmal in Ruhe durch den Kopf gehen lassen. Ist es in Ordnung, wenn ich Ihnen/Dir übermorgen Bescheid gebe?"

5. Schritt: Holen Sie sich Unterstützung vom eigenen Körper
Durch Ihren Körper können Sie Ihre verbalen Botschaften verstärken. Nein sagen erfordert Präsenz. Steigern Sie Ihre Präsenz, indem Sie aufrecht und gut geerdet stehen, die Schultern leicht zurückziehen und den Kopf gerade halten. Ihr hilfreichster Unterstützer ist Ihr Blick. Sagen Sie „Nein" und sehen Sie Ihrem Gegenüber dabei ins Gesicht. Signalisieren Sie: „Ich habe etwas zu sagen und ich stehe zu meinem Nein!"
Wenn Sie noch klarer und eindeutiger Nein sagen wollen, verschränken Sie dabei ganz langsam die Arme und verschließen Sie den Mund.

6. Schritt: Sagen Sie NEIN
Sie müssen sich für Ihr Nein niemals rechtfertigen. Wenn Sie Ihre Absage begründen wollen: ein Grund reicht!

Beenden Sie das Gespräch so, dass sowohl Sie als auch der andere das Gesicht wahren können. Geben Sie Ihrem Gegenüber zu verstehen, dass Ihre Absage allein mit Ihnen zu tun hat und nichts mit ihm. Im Falle, dass das Projekt an sich Sie interessiert hätte, Sie aber dennoch, beispielsweise aufgrund Ihres übervollen Terminkalenders, absagen mussten, bringen Sätze wie: „Es würde mich freuen, wenn wir ein anderes Mal zusammenarbeiten könnten" das Gespräch zu einem positiven Abschluss.

Das Briefing

Was Sie wissen müssen, bevor Sie mit den Vorbereitungen für Ihren Auftritt beginnen.

„Briefing" heißt so viel wie „eine Kurzeinweisung vor einem wichtigen Ereignis". Und ein wichtiges Ereignis ist Ihr Auftritt auf jeden Fall! Im Briefing-Gespräch, das meist mit dem Auftraggeber stattfindet, wird der Ablauf der Veranstaltung besprochen und Sie haben Gelegenheit, alle Fragen zu klären, die für Ihren Auftritt von Bedeutung und für Sie wichtig sind. Scheuen Sie sich nicht davor, Fragen zu stellen, die Ihnen fast zu banal erscheinen! Fragen Sie so lange, bis Sie echte Klarheit haben!

Damit Ihr Auftritt nicht bloß ein „wichtiges Ereignis", sondern ein Riesenerfolg wird, bedarf es sorgfältiger Vorbereitung. Bedenken Sie: Gute, gründliche und effiziente Vorbereitung beginnt schon bei der Vorbereitung auf die Vorbereitung!

Schon bevor Sie zum Briefing marschieren, sollten Sie sich das Gespräch durch den Kopf gehen lassen und darüber nachdenken, welche Informationen Sie vom Auftraggeber brauchen und welche Fragen Sie stellen werden. Tun Sie das nicht, kann es passieren, dass Ihnen die wirklich

wichtigen Fragen erst nach dem Briefing-Gespräch einfallen. Das ist natürlich immer noch besser als kurz vor dem Auftritt, aber trotzdem reichlich spät.
Je besser Sie sich im Vorfeld informiert haben, desto genauer können Sie sich auf Ihre Präsentation vorbereiten – und je besser Sie vorbereitet sind, desto gelassener können Sie auf etwaige nicht geplante Ereignisse reagieren.

Checkliste:

Was Sie beim Briefing-Gespräch von Ihrem Auftraggeber erfahren müssen

1. Wie lang soll Ihr Auftritt dauern? (Grundsätzlich gilt ein Zitat, das Martin Luther zugeschrieben wird: „Man kann über alles reden, nur nicht über 20 Minuten.")
2. Was erwartet sich der Auftraggeber von Ihrem Auftritt/worin besteht der Zweck Ihres Auftritts: Sollen Sie unterhalten, wachrütteln, informieren?
3. Gibt es Aspekte/Themen/Bereiche, die Sie unbedingt ansprechen müssen?
4. Welche Art von Rede sollen Sie halten: Statement, Vortrag, Referat, Präsentation, Laudatio?
5. Ziel der Veranstaltung?
6. Ablauf der Veranstaltung?
7. Um welche Art von Auftritt handelt es sich? Werden Sie beispielsweise „aufs Podium geladen", kann dies bedeuten, dass Sie Teilnehmer an einer Podiumsdiskussion sind – vielleicht aber befinden sich fünf Personen am Podium, die nacheinander eine kurze Rede halten.
8. Stehen Sie während Ihres Auftritts oder werden Sie sitzen? (Wichtig für die Wahl der Kleidung!)
9. Wer ist Ihr Publikum? (Mit dem Thema „Publikum" beschäftigen wir uns noch ausführlich ab Seite 128.)
10. Gibt es Vorredner?
11. Falls ja: Worüber werden Ihre Vorredner sprechen? Was wird bereits gesagt sein, wenn Sie an der Reihe sind? (Ihr Publikum wird sicher nicht gerne zwei Mal das Gleiche hören wollen! Vielleicht aber bringt Ihr Vorredner einen spannenden Aspekt ins Spiel, an den Sie gerne anknüpfen?)

12. Sprechen Sie zu Beginn, in der Mitte oder am Schluss der Veranstaltung? (Daraus können Sie ableiten, in welcher Verfassung Ihre Zuhörer sein werden, wenn Sie an die Reihe kommen.
13. Ist das Publikum vom Anfang bis zum Ende dasselbe?
14. Wie viele Zuhörer werden anwesend sein?
15. Wie sieht Bühne aus?
16. Wo auf der Bühne werden Sie stehen/sitzen?
17. Wie groß ist der Raum/Saal, in dem Sie sprechen werden? (Sie müssen unbedingt die Chance haben, sich auf die Größe des Raumes einstellen zu können. Manche Redner erwarten sich einen völlig anderen Raum und erschrecken, wenn Sie den Vortragssaal zum ersten Mal betreten. Unterschätzen Sie niemals die manchmal etwas Furcht einflößende Wirkung eines großen Raumes!)
18. Wie ist der farbliche Hintergrund der Bühne? (Wichtig für die Auswahl der Kleidung: Stehen/sitzen Sie in einem schwarzen Kleid oder in einem schwarzen Anzug mit dunklem Hemd vor schwarzem Hintergrund, werden Sie von der Bühne „verschluckt“. Achten Sie außerdem darauf, dass sich die Farbe Ihrer Kleidung nicht mit der des Hintergrunds „schlägt“. Rotes Kleid oder orangefarbiger Anzug vor rosa Hintergrund? – Geht gar nicht!)
19. Stehen Sie hinter einem Rednerpult? (Wichtig für die Wahl der Kleidung: Welche Körperteile wird das Publikum von Ihnen zu Gesicht bekommen?)
20. Falls kein Rednerpult vorhanden: Welches Mikrofon steht Ihnen zur Verfügung? (Oft haben Sie die Wahl zwischen Handmikrofon und Headset. Sagen Sie bereits im Briefing, welches Mikro Sie bevorzugen! *Mein Tipp: Bitten Sie um ein Headset, dann haben Sie beide Hände frei.)*
21. Welche technischen Hilfsmittel stehen Ihnen vor Ort zur Verfügung?
22. Lässt sich der Raum abdunkeln? (Falls nein: Verzichten Sie auf Folien und PowerPoint-Präsentationen!)
23. Sind Menschen im Raum, die Sie namentlich erwähnen und speziell begrüßen müssen?
24. Falls ja: Wie spricht man die Namen dieser Personen aus? (Die korrekte Aussprache von Namen ist sehr wichtig! Es ist sehr kränkend und ein Zeichen mangelnden Respekts, wenn der eigene Name falsch ausgesprochen wird.)

25. Gibt es einen Dresscode? Besonders wichtig für Frauen: Welche Art der Kleidung wird von Ihnen erwartet? (Kostüm/Hosenanzug/Cocktailkleid/langes Abendkleid)
26. Wann sollen Sie am Ort des Geschehens eintreffen?
27. Wann findet der Soundcheck statt? (Bestehen Sie unbedingt auf einem Soundcheck!)
28. Gibt es vor Ort einen Raum, in dem Sie sich umziehen/in den Sie sich zurückziehen und wo sie sich auf Ihren Auftritt vorbereiten können?
29. Wer ist vor Ort Ihre Ansprechperson? (Handynummer gleich einspeichern!)
30. Falls Sie für Ihren Auftritt ein Glas Wasser brauchen: Äußern Sie diesen Wunsch schon im Briefing-Gespräch! (Wichtig: Quälen Sie sich und Ihre Zuhörer niemals mit einer trockenen Kehle!)
31. Müssen Sie sich Ihrem Publikum selbst vorstellen oder werden Sie vorgestellt?
32. Stellen Sie klar, wie Sie angekündigt/vorgestellt werden möchten. (Am besten bereiten Sie selbst diesen Vorstellungstext vor. Ein paar Zeilen reichen vollkommen aus. Z. B.: „Die nächste Rednerin ist Daniela Zeller. Sie ist Coach, Trainerin für Präsentationstechnik, Moderatorin und Autorin. Gerade ist Ihr Buch ‚Reden. Bewegen. Wirken.' erschienen. Das Thema Ihres heutigen Vortrages ist: ‚Von der Redemaschine zur authentischen und wirkungsvollen Rednerin'."
    Es ist unangenehm und irritierend, wenn Sie falsch angekündigt werden und die Fakten zu Beginn Ihres Auftritts richtigstellen müssen.
33. Ergänzen Sie die Liste nach Ihren individuellen Bedürfnissen: Was müssen Sie außerdem im Briefing erfahren, damit Sie sich hinterher optimal auf Ihren Auftritt vorbereiten können?

Wer ist Ihr Publikum?

Gleich vorweg: Es gibt kein „gutes“ oder „schlechtes“ Publikum. Auch kein „richtiges“ oder „falsches“. Es gibt lediglich Redner, die besser auf Ihre Zuhörer eingehen, und solche, die das weniger gut schaffen.
Ein guter Redner kennt und wertschätzt sein Publikum. Er biedert sich nicht an, er stellt sich aber auch nicht über seine Zuhörer.

Manche Redner betrachten Ihr Publikum als eine große, dunkle, einheitliche Masse. Kein Wunder, dass es ihnen schwerfällt, Anklang zu finden! Wie Sie Ihr Publikum sehen, in welcher Haltung Sie ihm gegenübertreten, ist entscheidend für den Verlauf Ihres Vortrages.
Ich mag den Ausdruck „zum Publikum sprechen“ nicht. Wer „zu jemandem“ spricht, spricht von oben herab – eine wertschätzende Haltung sieht anders aus! Auch die Bezeichnung „vor jemandem eine Rede halten“ gefällt mir nicht. Klingt zu sehr nach Distanz, so, als wäre es ganz egal, ob die Worte bei den Menschen ankommen oder nicht.
Wie wäre es, stattdessen „mit“ den Zuhörern zu sprechen?
Während Ihres Auftritts sind Sie und Ihr Publikum Partner. Sie sind als

Redner dafür verantwortlich, sich auf Ihre Zuhörer einzustellen und ihnen das Zuhören möglichst leicht zu machen. Die Aufgabe des Publikums wiederum ist es, pünktlich zu Ihrem Vortrag zu erscheinen und Ihnen zuzuhören.
In der Rolle des Redners sind Sie niemals nur der Gebende. Sie bekommen von Ihren Zuhörern auch vieles zurück – Sie müssen dafür nur offen und an den Menschen wirklich interessiert sein.

Um auf Ihre Zuhörer eingehen zu können, müssen Sie sich bereits vor Ihrem Auftritt mit ihnen beschäftigen. Bringen Sie so viele Details wie nur irgendwie möglich über sie in Erfahrung!

- Besteht Ihr Auditorium ausschließlich aus Frauen oder Männern oder sind Vertreter beider Geschlechter anwesend?
- Sprechen Sie mit jungen oder alten Menschen?
- Wie ist der Informationsstand Ihrer Zuhörer – was wissen diese bereits?
- Welche Reaktion erwarten Sie? Wie sollen sich die Menschen nach Ihrer Rede fühlen?
- Sind sie freiwillig hier oder müssen Sie bei Ihrem Vortrag anwesend sein?
- In welcher Verfassung werden die Zuhörer während Ihrer Rede sein? Frisch und konzentriert, weil Ihr Auftritt am frühen Vormittag stattfindet? Oder müde und abgekämpft, weil Sie erst am späten Nachmittag drankommen und bereits der sechste Redner sind, den die Menschen an diesem Tag zu sehen bekommen?
- Mit welcher Berufsgruppe haben Sie es zu tun? Reden Sie mit Lehrern oder Ärzten? Mit Pharmareferenten oder Arbeitern? Mit Erziehern oder Sportlern? Mit Theologen oder Marketingspezialisten? Oder ist es eine Mischung?
  Faustregel: Je homogener die Zielgruppe, desto direkter können Sie Ihre Zuhörer ansprechen. Je „bunter“ Ihr Publikum, desto schwieriger ist es, die Menschen zu erreichen. Im Idealfall ist in Ihrer Rede für alle etwas dabei.
- Welche Sprache können Sie mit Ihrem Publikum sprechen? Sachlich oder emotional? Hochsprache oder Dialekt?

Sprechen Sie mit Kollegen oder Menschen, die in Ihrem Fachgebiet tätig sind, werden Sie selbstverständlich fachspezifisches Vokabular verwenden. Ist das nicht der Fall, sollten Sie mit Fachausdrücken äußerst vorsichtig umgehen und diese – wenn überhaupt – nur sparsam einsetzen. Bedenken Sie: Sprache kann Nähe schaffen – aber auch Distanz.

Je mehr Sie über Ihr Zielpublikum wissen, desto besser und vielfältiger können Sie dieses Wissen einsetzen – und Pluspunkte sammeln.

Ein schöner Beginn einer Rede sind Aussagen, die die Zuhörer persönlich betreffen, wie zum Beispiel: „Wie ich erfahren habe, liegt Ihnen zur Zeit das Thema X besonders am Herzen. Das kann ich gut nachvollziehen."

Stellen Sie sich zu Beginn Ihrer Vorbereitungen auf einen Auftritt immer die Frage: „Wer ist mein Publikum?"

Wenn Sie sich wirklich mit Ihren Zuhörern auseinandersetzen, wird kein Vortrag je wie der andere sein. Eine Rede zehn Mal haargenau gleich zu halten, macht doch schon beim zweiten Mal keinen Spaß mehr! Sie müssen nicht gleich jedes Mal den Inhalt Ihrer Rede völlig auf den Kopf stellen. Es reicht schon, wenn Sie andere Zugänge wählen. Machen Sie sich die Mühe! Sie erhalten dadurch die Chance, sich von Rede zu Rede weiterzuentwickeln, neuen Gedanken zu folgen und offen und beweglich zu bleiben. Der größte Lohn aber wird der Glanz sein, der sich während Ihres Vortrages in den Augen Ihrer Zuhörer widerspiegelt!

Checkliste auf einen Blick:

Wer ist Ihr Publikum?

1. Was interessiert die Zuhörer mehr, was weniger?
2. Was will ich mit meinem Vortrag bewirken/erreichen/auslösen?
3. Ist mein Publikum heterogen oder homogen?
4. Wer sind die Menschen im Publikum: Frauen, Männer, Junge, Alte, Intellektuelle, Lehrer, Sportler, Arbeiter, Wissenschaftler, Techniker, Marketingexperten ...?
5. Wie ist der Informationsstand meiner Zuhörer: Spreche ich mit Profis oder Laien?
6. In welcher Verfassung werden die Zuhörer während meines Vortrages sein?
7. Welche Sprache ist angemessen: einfache oder anspruchsvolle? Fachvokabular? Fremdwörter?
8. Gibt es etwas, das meine Zuhörer zurzeit beschäftigt?
9. Was ist für meine Zuhörer besonders wichtig?

Übung:

Schließen Sie die Augen und stellen Sie sich vor, Sie stehen vor Ihrem Publikum auf der Bühne – vor Ihnen bis auf den letzten Platz gefüllte Sitzreihen. Im Auditorium sehen Sie ausschließlich Menschen, die Sie kennen und die es gut mit Ihnen meinen: Freunde, Familie, Kollegen, Nachbarn ... Alle lächeln Sie an und nicken Ihnen aufmunternd zu. Sie erhalten positives Feedback: „Du bist gut! Wir hören Dir gerne zu!"

Prägen Sie sich das Bild gut ein und übertragen Sie diese Vorstellung auf eine reale Situation.

Das Redeziel

Welche Reaktion wollen Sie mit Ihrer Rede bei den Zuhörern hervorrufen? Sollen sie jubeln und auf den Stühlen tanzen? Sich vor Lachen zerkugeln? Atemlos, still und wie gebannt Ihren Ausführungen folgen? Sollen sie aus dem Saal gehen mit dem festen Vorsatz, sich gleich ein neues Auto anzuschaffen? Wollen Sie Tränen in den Augen der Zuhörer glitzern sehen? Sie als Redner/Rednerin haben es in der Hand, ob Ihr Publikum so reagiert, wie Sie sich das vorgestellt haben, oder nicht.
Vielleicht kennen Sie den Spruch: „Kommunikation findet beim Empfänger statt!" Er stimmt! Die Ausrede: „Das Publikum war halt nicht schlau genug, meine Rede zu verstehen", gilt nicht! Haben Ihre Zuhörer etwas falsch verstanden, kann das daran liegen, dass Ihre Erklärungen nicht ausführlich oder konkret genug waren oder dass Sie die falsche Sprache gesprochen haben.

Das Ziel einer Rede hängt sehr stark mit den Fragen „Was soll mein Publikum danach über mein Thema wissen" und „Wie soll sich mein Publikum danach fühlen" zusammen. Für alle Redeformen gilt:
Bevor Sie den ersten Schritt tun, müssen Sie bereits den letzten kennen. Nur wenn Sie sich von Anfang an über Ihr Redeziel im Klaren sind, können Sie Ihr Publikum gezielt dorthin führen.

Welche Art von Rede wollen Sie halten?

Eine Laudatio ist etwas völlig anderes als eine Produktpräsentation, eine Wahlrede etwas anderes als ein Festvortrag.

In einer **Informationsrede** erklären Sie einen bestimmten Sachverhalt. Im Vordergrund stehen die Fakten. Das heißt aber noch lange nicht, dass eine Informationsrede zwingend langweilig sein muss! Ganz im Gegenteil: Ich habe schon Vortragende erlebt, die mit einer derartigen Hingabe über Ihr an und für sich eher trockenes Thema gesprochen haben, dass ich den Vortrag mit klopfendem Herzen verfolgt und mich unmittelbar danach gefragt habe, warum ich mich nicht schon längst mit – zum Beispiel – Astronomie beschäftige.

Die Meinungs- oder Argumentationsrede ist dann angebracht, wenn Sie Ihr Publikum zu etwas bewegen wollen. Vielleicht dazu, durch Ihren Vortrag ihre Meinung zu überdenken oder zu ändern. Sie ahnen es bereits: Wahlreden sind immer Argumentationsreden.

Die dritte Redeform ist die sogenannte **Gelegenheitsrede.** Dabei geht es meistens darum, eine bestimmte Person zu würdigen – in einer Laudatio oder einer Dankesrede. Vielleicht haben Sie schon einmal eine Gelegenheitsrede gehalten, ohne sich dieser Tatsache bewusst zu sein; beispielsweise bei einer Hochzeit, beim Firmenabschied eines Kollegen oder bei einem Geburtstagsfest. Wenn Sie zu den Menschen gehören, die hin und wieder so richtig gern auf die Tränendrüse drücken und es genießen, wenn die Zuhörer mit feuchten Augen zu ihren Taschentüchern greifen, dürfte diese Art der Rede genau Ihr Metier sein. Aber auch die Entertainer unter Ihnen werden sich in dieser Redeform besonders wohlfühlen.

Die Gelegenheitsrede wird oft verächtlich in die Amateurschublade gesteckt und nicht ganz ernst genommen. Mit diesem Vorurteil möchte ich an dieser Stelle endlich einmal aufräumen. Die besten Reden, die ich jemals erleben durfte, waren Gelegenheitsreden und wurden von Gelegenheitsrednern (nicht von Profis!) gehalten.

Einige dieser Reden haben mich so sehr berührt, dass mir die Tränen gekommen sind – mal vor Lachen, mal vor Weinen. Bei diesen Reden hat alles gestimmt: weil sich die Redner Gedanken gemacht haben und mit dem Herzen dabei waren.

Für welche Redeform Sie sich auch entscheiden – ein Ziel sollten Sie immer verfolgen: das Publikum zu überzeugen. Ob von Ihren neuesten wissenschaftlichen Erkenntnissen, von den Anliegen Ihrer politischen Partei oder von der Großzügigkeit Ihrer Kollegin, auf die Sie eine Laudatio halten. Sind Sie nicht dazu entschlossen, Ihre Zuhörer überzeugen zu wollen, müssen Sie gar nicht erst auf die Bühne.

Die Botschaft

Kennen Sie das? Sie hören einem Redner zu und überlegen die ganze Zeit: „Worum geht es hier eigentlich?“ So sehr Sie sich auch konzentrieren – Sie kommen nicht dahinter. Warum nicht? Weil der Redner die Botschaft seiner Rede wahrscheinlich selber nicht kennt. Er reiht – bemüht zwar, aber ohne Plan – Wort an Wort, ist dabei aber wenigstens so freundlich, seine Zuhörer nicht zu stören und ihnen gedanklichen Freiraum zu verschaffen. (Seien Sie ehrlich: Wann sonst kann man besser den eigenen Gedanken nachhängen denn als Nichtzuhörer einer nichtssagenden Rede?!)
Ein Angebot, das diese dankbar annehmen: Sie versinken im Halbschlaf, geben sich ihren Tagträumen hin und freuen sich aufs Buffet. Werden sie hinterher gefragt, „wie denn die Veranstaltung war“, antworten Sie: „Das Essen war gut.“
Sie lachen! Ich aber garantiere Ihnen: Mindestens 80 Prozent aller Reden laufen genau so ab.

Eine Rede ohne Botschaft ist wie eine Straße, die nirgendwohin führt. Jede Rede MUSS daher eine Botschaft enthalten. Sie ist die Kernaussage und eignet sich meistens hervorragend als Überschrift und als Schlusssatz.
Bringen Sie Ihre Botschaft auf den Punkt. Sie sollte klar formuliert sein und aus einem einzigen (einfachen) Satz bestehen. Ganz oft wird dieser Satz dann zum „roten Faden“ der Rede. Sie können die Klarheit und Eindeutigkeit Ihres „Botschaftssatzes“ ganz einfach überprüfen, indem Sie jemanden anrufen und um Feedback bitten. Ist die Botschaft so beim Empfänger angekommen, wie sie gemeint war? Ist Ihr Satz gut verständlich?

Oder ist er noch zu verwirrend und nicht konkret genug? Dann müssen Sie ihn so lange zuspitzen oder vereinfachen, bis er wirklich ganz klar ist. Beispiele für eindeutige Botschaften:

- „Die Beschäftigung mit Yoga wird Ihr Leben verändern.“
- „Bei uns zahlen Sie nur die Hälfte.“
- „Mit uns an der Spitze können Sie sich sicher fühlen!“

Stellen Sie Ihre Botschaft ins Zentrum Ihrer Rede!

Publikum – Ziel – Botschaft

Als ich begonnen habe, Texte zu schreiben, war ich dabei meistens völlig ohne Plan. Ich hatte zwar vieles zu sagen – aber keine Struktur. Seit ich strikt dem „Publikum – Ziel – Botschaft"-Pfad folge, bin ich mit meinen Vorbereitungen viel schneller fertig. Bevor ich einen Text stricke, entwirre ich das Gedankenknäuel erst einmal.

Und das funktioniert so: Nehmen Sie entweder drei Blätter Papier oder drei Kärtchen (gerne in unterschiedlichen Farben).

Auf dem 1. Blatt/Kärtchen beantworten Sie sich die Frage nach dem Publikum.

Mein Publikum:

1. *Wer sind meine Zuhörer?*
   Antwort:
2. *Was interessiert meine Zuhörer?*
   Antwort:
3. *Was ist für meine Zuhörer wichtig?*
   Antwort:

Auf das 2. Blatt/Kärtchen schreiben Sie Ihr Redeziel und die Redeform, die Sie gewählt haben.

Mein Redeziel:

Welche Reaktion will ich beim Publikum hervorrufen?

Antwort:

Redeform:

Antwort:

Auf das 3. Blatt/Kärtchen kommt Ihre Botschaft.

Meine Botschaft:

Antwort:

Platzieren Sie die drei Bögen Papier/Kärtchen so auf Ihrem Schreibtisch, dass Sie sie beim Schreiben immer vor Augen haben! So folgen Sie einer klaren Struktur und können sich den weiteren Verlauf Ihrer Rede entspannt Schritt für Schritt erarbeiten.

Von der Idee zur fertigen Rede

Nun kennen Sie Ihr Publikum, Sie haben ein Redeziel und eine Botschaft. Der nächste Schritt: die Stoffsammlung.

Schreiben Sie alles nieder, was Ihnen zu Ihrem Thema einfällt. Das können erlebte Geschichten, Argumente und Schlussfolgerungen sein, Zitate und Studien, die Sie in die Rede mit einbeziehen möchten. Welche Themenbereiche wollen Sie ansprechen, welche Aspekte ergeben sich daraus? Lassen Sie Ihren Gedanken freien Lauf. Seien Sie in dieser Phase der Vorbereitung nicht zu detailverliebt und notieren Sie nur Stichwörter oder Satzfragmente, auf keinen Fall fertige Sätze.

Überlegen Sie nicht lange – schreiben Sie einfach drauflos. Auch ein Gedanke, der Ihnen im ersten Augenblick absurd vorkommt, hat auf der Liste Platz. Vielleicht stellt sich genau dieser Gedanke später als wichtig heraus. Wenn nicht, können Sie ihn ja wieder streichen.

Ich brauche für Stoffsammlungen oft Tage und Wochen. Mit meinem aktuellen Thema im Hinterkopf und einem Schreibblock in der Tasche wandere ich durch den (All)Tag. Fliegt ein Gedanke vorbei, der mir für meine Liste brauchbar erscheint, fange ich ihn ein und schreibe ihn nieder. Ge-

rade wenn man nicht krampfhaft nachdenkt, fliegen einem die guten Ideen nur so zu.
Haben Sie schließlich genügend „Zutaten“ gesammelt, beginnen Sie mit der Gliederung.
Wie wollen Sie Ihre Rede aufbauen? Was muss in die Einleitung, was in den Hauptteil, was in den Schlussteil?
Den Schlusssatz haben Sie ja bereits. Meistens können Sie gleich den Satz, den Sie als Ihre Botschaft formuliert haben, verwenden.

Im nächsten Arbeitsschritt sollten Sie sich erst einmal ein paar Momente der Ruhe gönnen und das Ergebnis Ihrer Stoffsammlung auf sich wirken lassen. Dann kennzeichnen Sie (gerne in unterschiedlichen Farben) mit Linien und Symbolen die Themenblöcke, die Ihrer Meinung nach zueinandergehören. Das Chaos auf dem Zettel wird nun immer größer – die Ordnung im Kopf aber auch! Von Doppelungen und Wiederholungen verabschieden Sie sich am besten gleich; streichen Sie auch Gedanken, die einander zu stark ähneln.
Das Ergebnis dieses Schrittes: Es haben sich mehrere Themenblöcke herauskristallisiert.
Jetzt können Sie anfangen, diese Themenblöcke zu reihen. Womit beginnen Sie? Was müssen Ihre Zuhörer am Anfang Ihrer Rede erfahren, um Ihnen später noch folgen zu können? Informationen, die als Wissensgrundlage für Ihre Rede dienen, müssen nach vorne, alles Weitere ergibt sich fast schon von allein.

Medien und Hilfsmittel

Während Sie die Themenbereiche ordnen, können Sie nebenbei schon einmal darüber nachdenken, ob es sinnvoll ist, Medien und andere Hilfsmittel in Ihre Rede mit einzubeziehen, und wenn ja, welche. Hilfreich können sein: Flipchart, PowerPoint-Präsentationen, Arbeitsblätter, Anschauungsmaterialien, Pinwand, Folien, Musik, Filme, ätherische Öle ...
An dieser Stelle eine kurze Anmerkung zu PowerPoint-Präsentationen und Folien: Einer der häufigsten Fehler, den Redner begehen, ist, einfach nur vorzulesen, was das Publikum ohnehin sieht. Ich werde jedes Mal ganz wütend, wenn ich als Zuhörerin in eine derartige Vorstellung gerate. Warum werden nicht gleich nur die Unterlagen verteilt? Lesen kann doch jeder selbst – dafür braucht man keinen Vortragenden! Achten Sie darauf, dass Ihnen PowerPoint-Präsentationen und Folien lediglich zur Unterstützung dienen und nicht die Grundlage Ihrer Rede darstellen.

Nicht Ihre Hilfsmittel, sondern Sie als Rednerin/Redner stehen im Vordergrund. Sie wirken durch Ihre Persönlichkeit, Ihre Stimme und Ihre Körpersprache und nicht durch die schwungvolle Art, Folien aufzulegen!

Rufen Sie sich wieder einmal Ihren Redetyp in Erinnerung. Was sind Ihre Stärken, was liegt Ihnen weniger? Welche Medien können Sie unterstützen, welche blockieren Sie eher und welche hindern Sie sogar daran, so zu sein, wie Sie wirklich sind? Gehören Sie zu den „Lebendigen", die die Zuschauer mit ihrer bildhaften Sprache in den Bann ziehen und denen es leichtfällt, auf Unvorhergesehenes zu reagieren? Nützen Sie diese Gabe und lassen Sie die Hände vor starren PowerPoint-Präsentationen und einer Folienflut – oder setzen Sie beides nur sporadisch und äußerst sparsam ein.

„Einfühlsamen Rednern" ist es oft besonders wichtig, alle Sinne ihrer Zuhörer anzusprechen und zu aktivieren. Sie geben dem Publikum gerne Anschauungsmaterialien wie z. B. Steine, Muscheln oder Bauteile in die Hand, projizieren Bilder an die Wand, legen Musik auf und versprühen Düfte.

Derartiges würde zu den „Dominanten" überhaupt nicht passen. Sie lassen sich besser von einer perfekt ausgearbeiteten Grafik unterstützen und wirken durch große Gesten und außergewöhnliche Präsenz.

Bleibt noch der „Sachliche" und der „Entertainer". Der „Sachliche" kann alles verwenden, was der Sache dienlich ist – was zum Inhalt seiner Rede und den Fakten, die darin vorkommen, passt. Im Gegensatz zum „Einfühlsamen" verwendet er Hilfsmittel nicht, um die Zuhörer zu stimulieren, sondern weil sie im direkten Zusammenhang mit seiner Rede stehen. Der sachliche Redetyp erläutert sein Thema auch gerne, indem er nebenbei etwas auf sein Flipchart schreibt oder zeichnet.
Der „Entertainer" darf sich seine Lebendigkeit auf keinem Fall nehmen, indem er sich hinter einem großen Projektor versteckt und ganz einfach eine vorbereitete Präsentation abspult. Er braucht auf der Bühne viel Freiraum. Technische Hilfsmittel kann er – wie jeder andere Redetyp auch – natürlich trotzdem verwenden. Er sollte vorher aber besonders gut überlegen, wo er allein durch seine Stimme und durch seine Persönlichkeit wirken kann und wo er Hilfsmittel einsetzt (z. B. Bilder oder Musik).

Checkliste Medien:

- Setzen Sie nur Medien ein, mit denen Sie umgehen und die Sie bedienen können!
- Präsentieren Sie niemals Texte zum Mitlesen! Ihr Publikum starrt sonst nur mehr an die Wand und hört auf, Ihnen zuzuhören.
- Machen Sie das Medium nicht zum Mittelpunkt Ihrer Rede. Verwenden Sie es lediglich als Unterstützung. Beschränken Sie optische Darstellungen auf das Allernotwendigste!
- Wenn Sie mit der Hand am Flipchart schreiben: Schreiben Sie in Druckschrift, groß und deutlich.
- Sprechen Sie immer mit dem Gesicht zum Publikum. Wenn Sie am Flipchart schreiben oder eine Folie wechseln: Schweigen Sie!

Das Redemanuskript

Bevor Sie ein Redemanuskript anfertigen, müssen Sie sich darüber im Klaren sein, in welcher Vortragsweise Sie sprechen wollen. Wollen Sie
a) eine vorformulierte Rede,
b) eine freie Rede mit Stichwort-Manuskript oder
c) eine freie Rede halten?
Auch hier spielt Ihr Redetyp eine Rolle: Dem „Lebendigen" und dem „Einfühlsamen", die so gerne und so gut Geschichten erzählen, reichen Kärtchen mit ein paar Stichwörtern völlig aus. Für den „Sachlichen", der seine Rede auf Fakten stützt, wäre das viel zu wenig!

a) Die vorformulierte Rede

Dies ist die Sicherheitsvariante. Vor allem ungeübte Rednerinnen/Redner fühlen sich oft wohler, wenn sie mit einem bereits ausformulierten Text die Bühne betreten. Ist ja auch verständlich: Man hat den Text in der Hand, braucht sich keine Gedanken mehr darüber zu machen, was man sagen wird, und liest einfach vor.
Aber Vorsicht! Was so einfach klingt, birgt einige Fallen in sich!

1. Es bedarf schon einiger Übung, einen Text so vorzulesen, dass er nicht wie vorgelesen, sondern wie frei gesprochen klingt.
2. Wie wollen Sie Blickkontakt mit Ihren Zuhörern halten, wenn Sie am Text kleben?
3. Ein ausformulierter Text raubt Ihnen jegliche Möglichkeit zum spontanen Handeln.

4. Verliert man einmal den Faden, gerät der Vortrag ins Stocken – oder sogar völlig durcheinander. Ich habe einmal einen Redner erlebt, der, nachdem er vom Text abgekommen war, an einer x-beliebigen Stelle wieder einsetzte. Ganze Teile der Rede hat er einfach weggelassen. Der Arme ist auf der Bühne tausend Tode gestorben – was ihm auch deutlich anzusehen war. Das Ende dieses Auftritts war eine Erlösung – für den Redner und auch für uns, seine Zuhörer.
5. Der bekannte Kommunikationstrainer Harry Holzheu hat es auf den Punkt gebracht: „Eine abgelesene Rede ist keine Rede, sondern eine Lese."

b) Die freie Rede mit Stichwort-Manuskript

Ich rate meinen Kunden immer zu dieser Variante. Warum? Die notierten Stichworte sind die einzelnen Stationen Ihrer Rede – sie sind wie Wegweiser entlang einer Wanderroute. Das gibt Ihnen die Sicherheit, nichts Wichtiges zu vergessen. Sie kennen die nächsten Schritte und haben den Kopf frei für das, was Sie gerade schildern. Sie müssen nicht „nach vorne" denken, sondern sind automatisch im Hier und Jetzt. Sie halten guten Blickkontakt zu Ihrem Publikum, sind gedanklich beweglich und können spontan auf Unvorhergesehenes reagieren.
(Um kurz mit einem Missverständnis aufzuräumen: Bei einem „unvorhergesehenen Ereignis" muss es sich nicht immer gleich um eine Katastrophe handeln. Ein „unvorhergesehenes Ereignis" während einer Rede kann durchaus erfreulich sein. Zum Beispiel, wenn jemand im Publikum sitzt, den Sie nicht erwartet hätten und den Sie im Laufe Ihrer Rede vielleicht direkt ansprechen möchten. Oder eine Zuhörerreaktion, auf die Sie reagieren. Unvorhergesehene Ereignisse haben schon so mancher Rede Leben eingehaucht!).

Wenn Sie während Ihrer Rede spontan einen kleinen Exkurs wagen, können Sie, wenn Sie damit fertig sind, in Ruhe zum nächsten Stichwort gehen und einfach weitermachen.
Weiterer Pluspunkt dieser Vortragsweise: Sie sparen in der Vorbereitung Zeit!
Das Einzige, das ich tatsächlich vorher ausformuliere, sind Zitate und Schlüsselsätze (z. B. Appelle); außerdem die ersten Sätze meiner Rede und den Schlusssatz. Die ersten Sätze lerne ich immer auswendig, das ist mein Sicherheitsnetz. Nach einigen Momenten hat sich die größte Nervosität meist gelegt, dann mache ich „frei" weiter. Genauso verfahre ich

mit dem Schlusssatz. Er muss für die Zuhörer klar und deutlich als solcher zu erkennen sein und perfekt sitzen. So ersparen Sie sich belanglose Schlussfloskeln wie „Danke für Ihre Aufmerksamkeit."

c) Die freie Rede

Der Vorteil bei dieser Variante: Sie können sich ganz auf Ihre Zuhörer konzentrieren und sind nicht von irgendwelchen Unterlagen abgelenkt. Sie sind flexibel und haben beide Hände frei, weil Sie nichts halten müssen. Nur wenige Rednerinnen und Redner schaffen es, ganz ohne Unterlagen auszukommen. Es ist auch gar nicht notwendig. Viele Menschen glauben nur, dass Sie in der Lage sind, eine gänzlich freie Rede zu halten. In Wirklichkeit sind sie es gar nicht und machen viele Fehler:

- Sie wiederholen sich, sagen Dinge doppelt, was die Redezeit verlängert. Die Rede ufert aus und wird viel zu lang.
- Sie verlieren den Faden und kommen vom Hundertsten ins Tausendste, die Zuhörer können ihnen irgendwann nicht mehr folgen.
- Sie vergessen wichtige Punkte.

Worauf Sie beim Schreiben Ihres Manuskripts achten müssen:

- Verwenden Sie als Stichwortmanuskript Karten oder Zettel im Format DIN A6 oder A5. Das kleine Format hat den Vorteil, dass Sie die Unterlagen in der Hand halten und trotzdem noch gut gestikulieren können. Außerdem verdecken kleinere Kärtchen nicht so viel von Ihnen!
- Nummerieren Sie die Kärtchen durch. Sollten Ihnen die Unterlagen durcheinanderkommen oder runterfallen, haben Sie dank der Nummerierung gleich wieder die Orientierung.
- Schreiben Sie nicht zu viel auf die einzelnen Kärtchen. Je weniger auf einem Kärtchen steht, desto besser behalten Sie den Überblick. Wie viele Kärtchen Sie in der Hand halten, ist egal.
- Es gilt die Faustregel: Neuer Satz, neue Zeile!
- Lassen Sie rechts und links genügend Rand für etwaige Anmerkungen frei.
- Beschreiben Sie die Kärtchen nur einseitig.
- Verwenden Sie keine zu kleine Schriftgröße! Ich empfehle mindestens Schriftgröße 14. Oft ist das Licht auf Bühnen sehr schlecht; Sie sollten die Worte auf Ihren Stichwortkärtchen lesen können, ohne sie sich unmittelbar vor die Nase halten zu müssen.
- Falls Sie Ihre Stichwörter handschriftlich notieren oder Notizen hinzu-

fügen: Schreiben Sie deutlich. Und zwar so deutlich, dass Sie Ihre eigene Schrift auch unter Stress noch gut lesen können.

- Schreiben Sie schwierige Wörter und Fremdwörter so auf Ihre Stichwortkarten, wie man sie ausspricht. Ihr Stichwortmanuskript bekommt außer Ihnen ja niemand zu Gesicht, also können Sie sich austoben!
- Schreiben Sie die Wörter aus, verzichten Sie auf Abkürzungen („unbedingt" statt „unbed., „Begrüßung" statt „Begr." „Begr." könnte nämlich z. B. auch „Begründung" heißen!).
- Schreiben Sie auch Symbolzeichen aus („Euro" statt „E", „Prozent" statt „%", „Paragraph" statt „§")
- Alle statistischen Angaben und Zitate sollten genau belegt sein.

Geschriebene Sprache ist nicht gleich gesprochene Sprache!

„Es ist ein Beweis hoher Bildung, die größten Dinge auf einfachste Art zu sagen", so Ralph Waldo Emerson (amerikanischer Philosoph und Schriftsteller, 1803–1882).

Ich leide jedes Mal innerlich mit, wenn ich beobachte, wie Redner um eine besonders gewählte Ausdrucksweise bemüht sind, weil sie denken, dass die öffentliche Redesituation eine solche erfordert. So gut wie nie haben sie damit Erfolg. Ganz im Gegenteil: Ihre Sprache wird meistens derart kompliziert und künstlich, dass man hinter den gewaltigen Wortgebilden den echten Menschen kaum mehr ausmachen kann.
Ein langer Schachtelsatz mit vielen Nebensätzen sieht auf dem Papier beeindruckend aus. Sie können ihn immer wieder lesen und genießen – so lange, bis er ihnen wirklich klar ist. Wird Ihnen derselbe Satz jedoch vorgelesen, verstehen Sie plötzlich gar nichts mehr. Ein Redner, der in allzu komplizierten Sätzen spricht, gibt seinen Zuhörern keine Chance, ihm zu folgen. Machen Sie sich und Ihrem Publikum das Leben nicht unnötig schwer. Sprechen Sie eine zuhörerfreundliche Sprache.

Den wahren Meister erkennt man daran, dass er Großartiges mit wenigen Worten und in einfachen Sätzen sagt. Denken Sie nur an den charismatischen John F. Kennedy. Seine Grundregel: „Short words, short sentences, short speeches!" – Kurze Wörter, kurze Sätze, kurze Reden. Das ist es!

Tipps für eine zuhörerfreundliche Sprache:

- Ein Gedanke, ein Satz. Eine Untersuchung, die an einer amerikanischen Elite-Universität durchgeführt wurde, hat ergeben, dass es Menschen leichter fällt, klare Einzelinformationen zu verstehen, die in einem einzigen Satz ausgedrückt werden, während sie die gleiche Information, wenn sie in eine gefinkelter Haupt-/Nebensatz-Konstruktionen verpackt ist, nur schwer nachvollziehen können.
  Hätten Sie diesen Satz auch auf Anhieb verstanden, wenn ich ihn Ihnen vorgelesen hätte? Wohl kaum. Wer mehr als einen Gedanken in einen Satz verpackt, hat seine Zuhörer schon verloren. Haben Sie gewusst, dass Sätze mit mehr als 15 Wörtern von rund der Hälfte der Erwachsenen nicht mehr verstanden werden? Machen Sie aus einem langen Satz zwei kurze. Der Leser kann jeden Satz mehrmals lesen, der Zuhörer aber nicht. Er muss den Inhalt Ihres Satzes gleich verstehen, damit er Ihnen zum nächsten folgen kann.
- Wiederholen Sie sich! Ja, Sie haben richtig gelesen. Beim Reden sind Wortwiederholungen erlaubt! Sie können sogar sehr wirkungsvoll sein, denn durch sie wird eine Rede einprägsam.
- Reden Sie MIT den Zuhörern, sprechen Sie nicht ZU ihnen. Beziehen Sie Ihre Zuhörer in die Rede mit ein („Ich denke, Sie wissen, was ich meine!" „... vielleicht haben Sie das auch schon erlebt ...!")
- Wer ist „man"? Viele Rednerinnen/Redner sprechen von „man", wenn sie sich selbst meinen. „Man hat sich geschämt" statt „Ich habe mich geschämt; „Man hat ja nicht mehr daran geglaubt" statt „Ich habe nicht mehr daran geglaubt". Verwenden Sie ruhig das Wörtchen „ich", wenn Sie von sich sprechen – aber wirklich nur dann, wenn Sie von sich sprechen. Andernfalls wirkt die ich-bezogene Sprache egozentrisch und alles andere als sympathisch.
- „Sie" und „wir" statt „ich". Stellen Sie nicht sich, sondern Ihre Zuhörer in den Vordergrund! Sagen Sie statt „Ich zeige Ihnen hier ..." besser „Sie sehen hier ..." oder „Wir sehen hier ...".
- Indikativ statt Konjunktiv. „Ich würde vorschlagen, ...", „Ich würde Ihnen empfehlen, ...". Selbst erfahrene Redner tappen gerne in die Konjunktiv-Falle. Stehen Sie zu Ihren Worten: „Ich schlage vor, ...", „Ich empfehle Ihnen, ...". Das klingt doch gleich ganz anders, oder?
- Bitte keine Modewörter! Es sei denn, a) das Modewort gehört zu Ihrem natürlichen Wortschatz oder b) Sie verwenden dieses Wort bewusst, weil Sie es c) ironisch meinen.
- Gehen Sie mit Fremdwörtern sparsam um. Keine Sorge, die Zuhörer

bemerken auch so, dass Sie ziemlich schlau und unheimlich kompetent sind. Ein Vortrag wird durch eine Anhäufung von Fremdwörtern nicht besser, sondern höchstens schwerer verständlich.
Und Sie wissen: Nur der Zuhörer, dem das Zuhören leicht gemacht wird, ist ein „guter“ Zuhörer!

- Erklären Sie Fachbegriffe – oder lassen Sie sie gleich ganz weg. Ausnahme: Im Publikum sitzen ausschließlich Mitglieder Ihrer beruflichen Zunft. Ist dies nicht der Fall, müssen Sie Fachbegriffe immer erklären! Jede Berufsgruppe spricht ihre eigene Sprache – Sie können nicht voraussetzen, dass die Zuhörer der Ihrigen mächtig sind!
- Sprechen Sie in Bildern. Sprechen Sie von „50.000“ Menschen, sagen Sie besser: „Ganz St. Pölten“. Darunter können Sie Ihre Zuhörer etwas vorstellen. „Eine Länge von 1200 Kilometern“ heißt in bildhafter Sprache: zwei Mal Wien – Salzburg hin und zurück.
- Aktiv statt Passiv. Passivkonstruktionen wirken oft schwerfällig und etwas holprig. Vergleichen Sie selbst: Die Aussage: „Dadurch würde mein Leben nur verkompliziert werden“ wird gleich viel lebendiger und anschaulicher, wenn Sie sagen: „Das würde mein Leben nur komplizierter machen.“ Noch ein Beispiel: „Der Artikel kann von mir geschrieben werden.“ Besser: „Ich kann den Artikel gerne schreiben.“
- Verben statt Substantive. Welcher Rednerin/welchem Redner glauben Sie eher, dass er sich freut – Redner A, der sagt: „Ich möchte meiner Freude Ausdruck verleihen ...“ oder Redner B, der meint: „Ich freue mich ...“ Ich nehme an, Sie haben sich für Redner B entschieden.
  Substantive wirken meist abstrakt und gekünstelt, Verben hingegen machen Ihre Sprache lebendig.
- Erzählen Sie Geschichten, die Sie selbst erlebt haben. Lassen Sie die Zuhörer an Ihrem Erfahrungsschatz teilhaben. Schilderungen Ihrer Erlebnisse lockern eine Rede auf und berühren die Zuhörer. Ein Redner, der am eigenen Leib erlebt hat, wovon er spricht, ist der glaubwürdigste Redner überhaupt!
- Sprechen Sie deutlich. Vortragende, die beim Reden den Mund nicht aufmachen, sprechen alles andere als zuhörerfreundlich. Bereiten Sie sich auf Ihren Auftritt vor, indem Sie die Kiefermuskulatur lockern und ein paar Sätze mit dem Korken im Mund sprechen
  (siehe Übung Seite 57).
- Machen Sie Pausen. Pausen sind Gestaltungselemente, keine „Löcher“! Sie als Rednerin/Redner können Pausen nützen, um ein paar tiefe Atemzüge zuzulassen, um sich zu erden und zu Ihrer Mitte zu-

rückzufinden. Die Zuhörer brauchen Pausen, um Ihre Worte auf sich wirken lassen zu können.

- Wählen Sie das richtige Sprechtempo. Das richtige Sprechtempo ergibt sich durch die richtige Einstellung. Ein Redner, der nach dem Motto handelt „Augen zu und durch" und den Moment herbeisehnt, in dem sein Vortrag zu Ende ist, neigt zum zu schnellen Sprechen. Redner jedoch, die sich auf ihre Zuhörer einlassen und die Zeit Ihrer Rede genießen, sprechen immer im richtigen Tempo; wenn sie merken, dass das Publikum noch Zeit braucht, um eine Information zu verarbeiten, legen sie eine Pause ein.
- Wenden Sie sich Ihrem Publikum zu. Sprechen Sie niemals mit dem Rücken zum Publikum! Machen Sie eine Redepause, während Sie etwas aufs Flipchart schreiben oder Overhead-Folien wechseln. Sind Sie damit fertig, wenden Sie sich wieder Ihren Zuhörern zu und sprechen weiter.
- Es darf gelacht werden. Humor sollte die Grundausstattung jedes Menschen sein, der sich jemals in eine öffentliche Redesituation begibt. Nur ein Redner, der nicht alles superernst nimmt und auch mal über sich selbst lachen kann, ist ein guter Redner.

Der letzte Schliff: Üben Sie Ihre Rede!

Vor allem, wenn Sie als Rednerin/Redner noch nicht so erfahren sind, rate ich zu einer Probe. Üben Sie Ihren Vortrag entweder allein vor dem Spiegel, mit einem Präsentationscoach oder laden Sie sich Freunde ein und bitten Sie sie um ihr ehrliches Feedback. „Feedback geben" heißt nicht „bewerten", sondern „beschreiben". Also nicht: „Mir gefällt nicht, dass du ...", sondern: „Ich habe gesehen (gehört, wahrgenommen), dass du ..."
Sie können für Ihren Probedurchlauf Feedbackbögen vorbereiten, die Sie an Ihre Freunde verteilen.
Notieren Sie die Punkte, auf die Ihre Feedbackgeber besonders achten sollen.
Zum Beispiel: Blickkontakt zum Publikum, Körperhaltung, Gestik, Mimik, Verständlichkeit, Klarheit.
Bitten Sie außerdem jemanden, auf die Zeit zu achten, sodass Sie noch einmal kontrollieren können, wie lange Ihre Rede dauert.
Wie auch immer Sie es anstellen – üben Sie so lange, bis Sie sich wirklich sicher fühlen!

Die Sache mit dem Lampenfieber

Die letzten Vorbereitungen auf eine Rede beginnen am Abend davor – mit genügend Schlaf und der richtigen Nahrung. Essen Sie nichts, was Ihren Schlaf beeinträchtigt und schlecht für Ihre Stimme ist. Das heißt: Schweres, Scharfes und Alkohol sind tabu.

Und dann ist er da: der Tag des großen Auftritts – der Tag, auf den Sie so lange hingearbeitet haben.
Beginnen Sie ihn unbedingt mit einem Frühstück, das Ihnen guttut, zum Beispiel mit einem Müsli, Früchten oder Vollkornbrot. Nehmen Sie schon in der Früh viel Flüssigkeit zu sich. Meiden Sie auch jetzt alle Nahrungsmittel, die Körper und Stimme belasten – und Milchprodukte, denn die haben verschleimende Wirkung (siehe Seite 59). Ab etwa einer Stunde vor Ihrem Vortrag sollten Sie überhaupt nichts mehr essen, sonst schleppen Sie sich hinterher müde auf die Bühne und Ihr Körper ist, während Sie reden, hauptsächlich damit beschäftigt, das Essen zu verdauen.
Lassen Sie vor Ihrer Rede die Finger vom Alkohol! Auch wenn Sie der Meinung sind, dass ein kleiner Schluck Ihre Nerven beruhigt – Alkohol macht nicht locker, sondern eine schwere Zunge. Außerdem: Sie brauchen keinen Alkohol, um die Nerven in den Griff zu kriegen. Dafür gibt es andere – weitaus bessere – Möglichkeiten!

Lampenfieber beflügelt!

Eine Frage wird mir in jedem Seminar gestellt: „Was kann ich gegen Lampenfieber tun?“
Der berühmte Kloß im Hals, schwitzende Hände, trockener Mund: Auch Sie haben das alles wahrscheinlich schon einmal erlebt.
Lampenfieber entsteht immer situationsbezogen und befällt (fast) jeden Menschen vor einem Auftritt. Selbst sehr erfolgreiche und erfahrene Schauspieler, Musiker und Redner leiden darunter. So mancher Profi stirbt auch nach jahrzehntelanger Bühnenerfahrung noch die berühmten „tausend Tode“.
Auch wenn es Sie im Moment vielleicht wenig tröstet: Lampenfieber ist normal. Hätten Sie keines, sollten Sie sich Sorgen machen!
Es ist nämlich so, dass Menschen im Zustand hoher Anspannung die besseren Leistungen erzielen. Vor einer Auftrittssituation signalisiert das Gehirn: Achtung! Gefahr! Der Körper reagiert darauf, indem er zusätzliche Energie mobilisiert. Durch das freigesetzte Adrenalin bekommen

Sie neue Energie; gleichzeitig wird Ihre Konzentrationsfähigkeit gesteigert. So sehr uns Redeangst hemmt – so sehr treibt Lampenfieber uns zu Höchstleistungen an! Versuchen Sie nicht, Ihr Lampenfieber ganz wegzukriegen; finden Sie vielmehr heraus, wie Sie gut damit klarkommen!
Wären Sie nämlich gar nicht mehr nervös, könnten Sie sich wahrscheinlich nur schwer motivieren, überhaupt auf die Bühne zu gehen. Es würde Ihnen an Spannung, Intensität und Hingabe fehlen, Sie wären unkonzentriert, teilnahmslos und gar nicht wirklich „da". Machen Sie sich Ihr Lampenfieber nicht zum Feind, sondern zum Verbündeten!
Sie dürfen nervös sein!

Zittern uns vor Nervosität die Knie, denken wir sofort: „Oh Gott – das merkt jetzt bestimmt jeder!" Ich kann Sie beruhigen: Das ist nicht so. Fakt ist: Unser Gegenüber nimmt nur ungefähr ein Achtel von unseren körperlichen Reaktionen wahr. Kein Mensch bemerkt, wenn Sie ein bisschen nervös sind. Befinden Sie sich innerlich in heller Panik, wirken Sie auf die anderen maximal ein wenig aufgeregt.
Nehmen Sie Ihr Lampenfieber als etwas an, das zu einer öffentlichen Redesituation ganz einfach dazugehört. Haben Sie keine Angst vor der Angst und auch keine Angst davor, Fehler zu machen! Fehler dürfen sein. Vielmehr noch: Fehler gehören zum Leben und sind eine Notwendigkeit in allen menschlichen und zwischenmenschlichen Bereichen. Der Zwang zur Perfektion führt fast immer zum Scheitern, der Mut zum Fehler macht gelassen, flexibel und damit erfolgreich. Ich habe bei meinen Seminarteilnehmern und Coachs beobachtet, dass sie sich, sobald sie sich Versprecher erlauben, weniger oft versprechen. Die Erlaubnis, Fehler zu machen, vermindert oder verhindert Fehler!

Ich spiele vor einem Auftritt immer mit dem Gedanken: „Was ist das Schlimmste, das mir auf der Bühne passieren kann?" Dieser Gedanke hilft mir unheimlich. Bis jetzt bin ich nämlich noch immer zur Überzeugung gelangt, dass selbst das Schlimmste nicht wirklich schlimm ist. Wirklich schlimm wäre nur, der Situation hilflos ausgeliefert zu sein. Und das sind Sie nicht!

Übung:

Bauen Sie in Ihren nächsten Vortrag absichtlich einen Fehler ein! Lassen Sie ein Stichwortkärtchen fallen, versprechen Sie sich oder vergessen Sie ein Satzzeichen auf einer Folie.

Ich weiß – dazu bedarf es einiger Überwindung, Sie werden es jedoch (vermutlich) überleben: Kleine Fehler sind kein Problem! Ihre Zuhörer werden Sie weder ausbuhen noch schimpfend von der Bühne jagen. Ganz im Gegenteil: Oft bringen erst kleine Fehler das Eis zwischen Publikum und Redner zum Schmelzen.

So bekommen Sie Ihr Lampenfieber in den Griff:

- Bereiten Sie sich gut auf Ihren Auftritt vor. Üben Sie Ihre Rede, geben Sie sich Mühe bei der Fertigstellung Ihres Rede-Manuskripts. Legen Sie sich die Hilfsmittel, die Sie brauchen werden, zurecht. Somit haben Sie keinen rationalen Grund mehr, nervös zu sein.
- Singen Sie im Auto. Legen Sie Ihre Lieblings-CD ein und singen Sie in voller Lautstärke mit. Pressen Sie die Töne aber nicht aus dem Kehlkopf heraus, sondern lassen Sie Ihren ganzen Körper mitschwingen. Jeder Ton beginnt im Bauch!
- Seien Sie rechtzeitig am „Ort des Geschehens", damit Sie noch Zeit haben, in Ruhe anzukommen und sich mit dem Raum vertraut zu machen.
- Lernen Sie die ersten Sätze Ihrer Rede auswendig. Nach ein paar Minuten wird Ihre Nervosität kleiner und Sie kommen wieder zu sich.
- Ziehen Sie sich vor Ihrem Auftritt in einen ruhigen Raum zurück. Entspannen Sie sich ein paar Minuten.

Ich habe Ihnen ein paar Übungen zusammengestellt, die Sie vor einer Rede beruhigen und stärken:

Übung 1: Den Atem spüren

Halten Sie einen Moment inne und lenken Sie das Bewusstsein auf Ihren Bauch. Legen Sie im Stehen beide Hände übereinander auf die Bauchdecke. Nehmen Sie Ihren Atemrhythmus wahr. Ziehen Sie die Hände langsam bis an den Beckenrand auseinander. Nun spüren Sie den Atem im gesamten Bauchraum. Ziehen Sie jetzt die Hände noch weiter zur Seite, bis sie auf den Flanken liegen. Danach dehnen Sie sie nach hinten, bis sich die Fingerspitzen auf der Wirbelsäule berühren. Die Hände liegen in Höhe der Nieren und nehmen den Atem wahr. Eine Hand bleibt auf dem Rücken, die andere Hand legen Sie wieder auf den Bauch.

Jetzt können Sie gut spüren, wie sich Ihr Atem im ganzen Bauchraum ausdehnt. Dabei entspannen sich Ihre Nacken- und Schultermuskulatur sowie Ihr Brustkorb. Ihre Stimme bekommt Platz, sich ganz zu entfalten, sie klingt voller. Positiver Nebeneffekt: Indem Sie sich ganz auf Ihre Atmung konzentrieren, vergessen Sie für einen Moment die sorgenvollen Gedanken!

Übung 2: Gähnen und seufzen

Für alle, die oft unter einen „Frosch im Hals" leiden, ist diese Übung besonders hilfreich: Staunendes Gähnen öffnet den Hals. Gähnen Sie genüsslich! Sie werden merken, wie sich Verspannungen und Engegefühle lösen.

Und jetzt seufzen Sie ganz bewusst! Seufzen Sie so tief und ausgiebig wie möglich. Seufzen Sie alles heraus, was Sie belastet. Das tiefe Seufzen beruhigt, lockert und entspannt. Danach werden Sie eine tiefe Erleichterung verspüren.

Übung 3: Die Zwei-Phasen-Atmung

Beim Einatmen denken Sie ganz stark an Ihr Lampenfieber, beim Ausatmen an die gewünschte Veränderung. Zum Beispiel: Einatmen („Mir ist ganz schlecht vor Lampenfieber!") – Pause – Ausatmen („Ich beruhige mich"). Aus Lampenfieber kann Mut werden oder Selbstvertrauen, Konzentration und Vorfreude. *Beginnen Sie mit dieser Übung schon ein paar Wochen vor Ihrem großen Auftritt!*

Übung 4: Die Schnupper-Atmung (Meine Lieblingsübung!)

Diese Übung löst Verspannungen sehr schnell und wirkt gut gegen Kurzatmigkeit, denn sie lockert das Zwerchfell. Die „Schnupper-Atmung" funktioniert sehr einfach und hat den Vorteil, dass Sie sie anwenden können, wenn Sie unter Menschen sind. Keiner der Anwesenden im Raum wird bemerken, dass Sie gerade üben. Innerhalb weniger Minuten erzielen Sie eine tiefe Entspannung, aus der Sie neue Kraft schöpfen können.

So funktioniert's: Atmen Sie durch die Nase ein – so, als würden Sie schnuppern. Füllen Sie Ihre Lungen ganz. Sind die Lungen voll gefüllt, atmen Sie in einem Schwung durch den Mund aus. Lassen Sie den Atem herausströmen – danach machen Sie eine Pause. Warten Sie möglichst lange, bis Sie wieder einatmen (5–10 Sekunden). Nach dieser Pause holt sich der Körper einen neuen, ganz tiefen Atemzug. Sie atmen erneut „schnuppernd" durch die Nase ein und durch den Mund aus, machen wieder eine Pause – und so weiter. Nach vier Atemzügen sind Sie ruhig und energiegeladen.

Übung 5: Die vertiefte Atmung

Atmen Sie ein, halten Sie den Atem viermal so lange, wie Sie eingeatmet haben. Dann atmen Sie aus: und zwar doppelt so lange, wie Sie eingeatmet haben.

Übung 6: Ausatmen auf „f“

Machen Sie zwölf bis 15 ganz lange Atemzüge. Lassen Sie dabei den Atem ganz von alleine kommen, beeinflussen Sie die Einatmung nicht. Atmen Sie jedes Mal auf einem leicht hörbaren „F“ aus.

Übung 7: Gegen zitternde Hände

Stellen Sie sich aufrecht hin und legen Sie die Hände wie eine indische Tempeltänzerin aneinander. Drücken Sie die Hände so fest aneinander, wie Sie können.

Übung 8: Loslassen

Legen Sie sich flach auf den Boden und entspannen Sie sich. Stellen Sie sich vor, wie Ihr Körper in den Boden einsinkt und dabei immer schwerer wird. Bleiben Sie ein paar Minuten liegen. Dann ballen Sie die Fäuste ein paar Mal und kommen in die Realität zurück.

Übung 9: Bewegen

Setzen Sie sich in Bewegung und gehen Sie durch den Raum. Während Sie gehen, denken Sie an etwas Schönes, z. B. an eine Landschaft, die Sie mögen, ans Schwimmen im Meer, an einen lieben Menschen. Bald werden Sie merken: Ihr Körper entspannt sich dabei!

Übung 10: Schüttelübung

Stellen Sie sich vor, eine klebrige Masse, die Sie loswerden wollen, hängt an Ihrem Körper. Schütteln Sie sich kräftig und geben Sie Laute von sich. So werden Sie lebendig!

Übung 11: Die Füße spüren

Eine gute Haltung beginnt bei den Füßen! Schütteln Sie Ihre Beine und Füße kräftig aus, stampfen Sie oder veranstalten Sie einen wilden Tanz. Verpassen Sie sich selbst eine Fußmassage. Gehen Sie danach in die Hocke und verharren Sie so. Ihre Füße stehen im Abstand von ca. 20 cm in Parallelstellung. Die Fersen ruhen auf dem Boden; verlagern Sie das Körpergewicht auf die Fußballen.

Übung 12: Fantasiereise

Legen Sie sich auf den Rücken – auf eine Decke oder ganz einfach auf den Boden. Die Arme liegen seitlich neben dem Körper, die Beine sind leicht gespreizt. Schließen Sie die Augen und spüren Sie den Kontakt zum Boden. Nehmen Sie nun Ihren linken Fuß wahr, wechseln Sie zum rechten Fuß und wandern Sie gedanklich zum linken Bein, zum Knie, zum Oberschenkel und zum Becken, dann zum rechten Bein, zum Knie, zum rechten Oberschenkel und zum Becken. Falls Bilder oder Fantasien auftauchen: Folgen Sie ihnen!

Richten Sie Ihre Aufmerksam nun auf Ihre Arme und Hände: linker Arm, rechter Arm, linke Hand, rechte Hand. Nehmen Sie die Unterschiede zwischen den beiden Seiten wahr. Wandern Sie jetzt weiter zu den Schultern, zu Nacken, Kopf, Stirn, Augenlidern, Nase, Wangen und Mund. Beobachten Sie Ihren Atem!

Übung 13: Erinnern

Wichtige Erfahrungen und Erlebnisse bleiben das ganze Leben lang im Gehirn gespeichert. Erinnern Sie sich an Situationen, in denen Ihnen etwas besonders gut gelungen ist. Legen Sie sich eine kleine Liste von solchen Erinnerungen an und lesen Sie sich diese Liste immer wieder durch.

Übung 14: Ankern

Nehmen Sie sich die Liste mit Ihren positiven Erinnerungen zur Hand und wählen Sie ein Erfolgserlebnis aus. Nun entspannen Sie sich. Setzen Sie sich bequem hin, schließen Sie die Augen und legen Sie die Hände auf die Oberschenkel – und zwar (wichtig!) so, dass sie sich nicht berühren. Atmen Sie einige Male ein und aus und stellen Sie sich die ausgewählte Situation wieder vor. Zuerst konzentrieren Sie sich nur auf das, was Sie in dieser Situation SEHEN. Zum Beispiel: „Ich sehe meine Schwester im Publikum“, „Ich sehe das Mikrofon“, „Ich sehe viele Holzstühle“. Die Augen bleiben geschlossen und Sie führen jetzt die rechte Hand auf den Handrücken der linken Hand und dann nach ungefähr einer Minute wieder auf den rechten Oberschenkel zurück.

Sagen sie dann innerlich, was Sie HÖREN. Zum Beispiel: „Ich höre meinen Kollegen reden“, „Ich höre das Lachen des Publikums“, „Ich höre den Pausengong.“ Immer noch sind Ihre Augen geschlossen. Führen Sie jetzt wieder die rechte Hand auf den Handrücken der linken Hand und dann nach ungefähr einer Minute wieder auf den rechten Oberschenkel zurück.

Nun sagen Sie sich innerlich, was Sie FÜHLEN. Zum Beispiel: „Ich fühle mich frei“, „Ich fühle mich ausgelassen“, „Ich fühle mich stark.“ Noch immer sind die Augen geschlossen. Führen Sie noch einmal die rechte Hand auf den Handrücken der linken Hand und dann nach ungefähr einer Minute wieder zurück auf den rechten Oberschenkel.
Kombinieren Sie nun Ihre Eindrücke: Stellen Sie sich gleichzeitig vor, was Sie sehen, hören und fühlen. Lassen Sie die Augen immer noch geschlossen und führen Sie die rechte Hand wieder auf den Handrücken der linken Hand und dann nach einem kurzen Moment wieder auf den rechten Oberschenkel zurück. Führen Sie diese Bewegung noch einmal aus und achten Sie auf das Gefühl, das Sie währenddessen durchströmt. Halten Sie danach inne und genießen Sie noch einmal das Gefühl der Entspannung.
Öffnen Sie dann die Augen, strecken Sie die Arme weit nach vorne, ballen Sie die Hände zur Faust und atmen Sie tief ein und aus. Den Berührungsreiz der rechten Hand auf dem Handrücken der linken Hand nennt man „Anker“. Ihre positiven Erfahrungen aus der Erfolgssituation sind nun an diesen Anker gekoppelt. Wiederholen Sie die Übung einige Male und Sie werden bemerken, dass allein die Berührung des Handrückens das gute Gefühl hervorruft.

Beginnen Sie mit der „Anker-Übung“ schon Wochen vor Ihrem Auftritt. Unmittelbar vor der Rede können Sie den Anker so völlig unauffällig verwenden, denn die Berührung des Handrückens ist eine natürliche Bewegung!

Der grosse Auftritt

Spätestens wenn ich zum ersten Mal den Vortragssaal betrete, beginnt das Kribbeln in meinem Bauch, das mir signalisiert: Jetzt kommt ein besonderer Moment! Alles, das mit diesem Moment nichts zu tun hat, rückt immer weiter in die Ferne. Probleme, die mich eben noch gequält haben, spielen nun keine Rolle, über den nächsten Tag zerbreche ich mir nicht den Kopf. All meine Gedanken sind auf meinen Auftritt fokussiert, meine Sinne sind geschärft.

Ich gerate in eine Art Sog, gegen den ich mich nicht zur Wehr setzen kann – und auch nicht will. Ich bin entspannt und angespannt zugleich, mir ist, als könnte ich niemals klarer denken als in diesen Minuten. Ich bin ganz still und dabei hellwach, beobachte das aufgeregte Treiben rund um mich, lasse den Raum auf mich wirken und sauge jedes noch so winzige Detail gierig auf. Ich wandere durch die Zuschauerreihen und betrachte aus der Ferne die Bühne, auf der ich später stehen werde. Ich betrete die Bühne und blicke in den leeren Raum. In meiner Vorstellung ist er bereits bis auf den letzten Platz gefüllt, Dutzende Augenpaare sehen mich erwartungsvoll an. Es ist, als würde ein ganzer Saal den Atem anhalten. Ich fühle mich unendlich lebendig, bin ganz bei mir. Ich weiß: Ich habe es in der Hand, was ich aus den nächsten Minuten mache und ob ich es schaffe, bei meinen Zuhörern etwas zum Klingen zu bringen. Ein tiefer Atemzug strömt in meinen Bauch, ich öffne den Mund und beginne zu reden.

Meine Gedanken haben Flügel bekommen.

Checkliste:

Der Raum, die Technik und Sie

- Treffen Sie möglichst früh am Ort des Geschehens ein! Sind Sie bei einer Tagung einer von mehreren Rednern, empfehle ich Ihnen, sich den Vortrag eines Vorredners anzuhören. So können Sie in Ruhe beobachten: Ist der Redner gut hörbar? Stimmen die Lichtverhältnisse im Raum? Passt die Temperatur? Fällt Ihnen beispielsweise auf, dass Sie immer müder werden und auch die anderen Zuhörer fast einschlafen, weil es im Raum so warm und stickig ist, können Sie in der Pause den Haustechniker bitten, die Klimaanlage runterzudrehen oder die Belüftung einzuschalten.

- Erkundigen Sie sich: Wer sind die zuständigen Personen für Ton, Licht und Saaltemperatur?
  Der Tontechniker ist während Ihrer Rede Ihr wichtigster Verbündeter. Begrüßen Sie ihn und machen Sie sich mit ihm aus, wo und wann Sie vor Ihrer Rede von ihm das Mikrofon übernehmen.

- Bitten Sie um ein Headset. So haben Sie beide Hände frei und können sich ungehindert bewegen.
- Achten Sie darauf, dass nichts „scheppert"! Beispiel: Wenn Sie ein Headset tragen, sollten Sie auf lange Ohrringe verzichten!

- Machen Sie einen Soundcheck! Ist – was nur selten vorkommt – keiner vorgesehen, bestehen Sie darauf!
- Sprechen Sie in ein Tischmikrofon? Stellen Sie die richtige Höhe ein!
- Achten Sie darauf, dass das Licht im Zuschauerraum nicht zu stark gedämpft wird.
  Faustregel: Sie sollten die Gesichter Ihrer Zuhörer immer sehen können, sonst verlieren Sie den Kontakt zum Publikum. Und: Das Publikum wird müde und schläfrig, wenn es zu dunkel ist, und verliert den Kontakt zu Ihnen!

- Überprüfen Sie: Steht der Laptop ideal, damit Sie gleichzeitig das PowerPoint-Programm bedienen und Kontakt zu Ihrem Publikum haben können?
- Lassen Sie den Raum auf sich wirken. Je vertrauter Sie mit einem Raum sind, desto sicherer fühlen Sie sich. Stellen Sie sich auf die Bühne und nehmen Sie wahr, wie weit die Zuhörer von Ihnen entfernt sitzen werden. Blicken Sie zu den hintersten Reihen im Zuschauerraum: Diese Plätze wollen Sie mit Ihren Worten erreichen!
- Probieren Sie alle technischen Geräte, die Sie während Ihrer Rede brauchen, vorher aus. So vermeiden Sie es, in Fallen zu tappen, die Sie vorher schon hätten beseitigen können: zu kurze Kabel, durchgebrannte Projektorenlampen, nicht kompatible Computersysteme, Wackelkontakte ...
- Verwenden Sie keine technischen Geräte, die Sie nicht gut im Griff haben.
- Steht das Flipchart, wo es stehen soll? Ist noch genug Papier vorhanden? Funktionieren die Flipchart-Stifte?
  Mein Tipp: Nehmen Sie zur Sicherheit Ihre eigenen Stifte mit.

- Bitten Sie darum, dass man Ihnen ein Glas (stilles) Wasser bereitstellt, damit Ihre Kehle während Ihres Auftritts nicht austrocknet.
- Klären Sie, wie Ihr Auftritt vonstattengehen soll. Werden Sie vom Zuschauerraum aus auf die Bühne gehen oder warten Sie hinter der Bühne? Wann genau sollen Sie auf die Bühne? Müssen Sie auf ein spezielles Stichwort achten? Bekommen Sie von jemandem ein Zeichen?
- Bitten Sie den Veranstalter, Sie vorzustellen, bevor Sie mit Ihrem Vortrag beginnen. Geben Sie ihm den vorbereiteten Zettel, auf den Sie geschrieben haben, wie Sie vorgestellt werden möchten.

- Lassen Sie sich nichts aufdrängen („Das machen wir bei allen Reden so"), achten Sie auf Ihre Bedürfnisse und bestehen Sie auf die Dinge, die Sie für Ihre Rede brauchen! Haben Sie keine Angst davor, Ihre Wünsche zu äußern. Auch wenn bei anderen Rednern alles anders ist: Dies ist IHRE Rede. Ihr großer Auftritt.
- Ziehen Sie sich für ein paar Minuten zurück und versuchen Sie, zur Ruhe zu kommen.

- Ordnen Sie Ihre Stichwort-Kärtchen.
- Machen Sie Atemübungen. Falls Sie keinen ruhigen Raum finden oder im Zuschauerraum auf Ihren Auftritt warten, empfehle ich zur Beruhigung die „Schnupper-Atmung" (siehe Seite 148).

- Sehen Sie sich Ihre „Stärken-Liste" an (siehe Teil 1, Kapitel „Warum Sie es wert sind, gehört zu werden", Seite 29) und glauben Sie an das, was auf dieser Liste steht!
- Betreten Sie die Bühne ruhig, aber bestimmt. Schauen Sie nach vorne und nicht auf den Boden!

- Beginnen Sie, wenn Sie auf der Bühne stehen, nicht gleich zu sprechen. Sammeln sie sich und lassen Sie den Blick über das Auditorium schweifen. Spüren Sie den Boden unter Ihren Fußsohlen, lockern Sie Knie und Bauch. Straffen Sie die Schultern, aber ziehen Sie sie nicht hoch! Lassen Sie den Atem von allein in Ihren Bauch fließen. Warten Sie ab, bis es im Raum wirklich absolut ruhig ist und Sie die ungeteilte Aufmerksamkeit der Zuhörer haben. Ist es so weit, fangen Sie an zu reden.

Rede ich noch oder wirke ich schon?

Worauf Sie achten müssen, während Sie reden.
(Platzieren Sie die Liste auf der Bühne so, dass Sie zwischendurch immer wieder einen kurzen Blick darauf werfen können!)

- ***Blickkontakt zum Publikum halten!***
- ***Aufrechte Haltung!***
- ***Sichtbare Hände!***
- ***Auf die Redepausen achten!***
- ***Deutlich Sprechen!***
- ***Im richtigen Tempo sprechen!***
- ***Vorstellung: Sie sind mit Ihrem Publikum im Dialog.***
- ***Seien Sie immer auf Empfang und offen für alles, was während Ihrer Rede um Sie herum passiert.***

Der Abgang

Bleiben Sie nach dem Ende Ihrer Rede ein paar Momente ruhig stehen. Geben Sie den Zuhörern Zeit, Ihre Worte auf sich wirken zu lassen. Der beste Vortrag ist nur halb so gut, wenn Sie danach hastig von der Bühne eilen. Brechen Sie den Kontakt, den Sie während Ihrer Rede zum Publikum aufgebaut haben, nicht abrupt ab!

Sie sind über Ihren Schatten gesprungen, haben vieles gegeben – jetzt bekommen Sie noch mehr zurück. Sehen Sie in die Gesichter Ihrer Zuhörer, nehmen Sie die Reaktionen, die Sie ausgelöst haben, wahr und genießen Sie den Applaus! Lassen Sie sich Zeit und warten Sie ab – danach gehen Sie ruhig, aber bestimmt von der Bühne ab.

Nach dem Auftritt ist vor dem Auftritt

Von der Kunst, Feedback anzunehmen und Komplimente zu ertragen

Aus jedem Auftritt lernt man für den nächsten. Fehler dürfen passieren, es sei denn, man macht immer wieder die gleichen und lernt nicht aus ihnen. Wenn sich ein Weg als zu holprig erwiesen hat – geh beim nächsten Mal einen anderen!

Nach jedem Auftritt stelle ich mir vier Fragen (oft schreibe ich die Antworten auf und sehe sie mir an, wenn ich mit der Vorbereitung zum nächsten Vortrag beginne):

1. Was will ich beim nächsten Mal anders machen?
2. Wovon will ich mehr machen?
3. Wovon will ich weniger machen (oder es ganz weglassen)?
4. Was soll bleiben, wie es ist?

Machen Sie Ihr Selbst-Feedback möglichst bald nach Ihrem Auftritt, dann sind die Eindrücke noch frisch und unverfälscht.

Falls bei Ihrem Vortrag nicht alles glatt gegangen ist: Machen Sie sich keine Vorwürfe, lassen Sie Ihre Selbstkritik nicht zu hart ausfallen – machen Sie es beim nächsten Mal anders!

So, wie wir lernen müssen, auf unsere innere Stimme zu hören und sie ernst zu nehmen, müssen wir auch lernen, die Rückmeldungen anzunehmen, die andere uns geben:

- Hören Sie dem Menschen, der Ihnen Feedback gibt, zu. Haben Sie etwas nicht genau verstanden, fragen Sie nach.
- Unterbrechen Sie den Feedback-Geber nicht.
- Verteidigen Sie sich nicht! Rechtfertigen Sie sich nicht! Begründen Sie nicht!
- Überlegen Sie, welche Teile des Feedbacks für Sie hilfreich sind und was davon Sie beim nächsten Mal umsetzen möchten.

Eine letzte Sache noch: Lernen Sie, Komplimente anzunehmen!

Ich konnte das lange Zeit überhaupt nicht. Über negative Kritik habe ich oft tagelang nachgedacht und sie mir sehr zu Herzen genommen; mit Komplimenten konnte ich überhaupt nicht umgehen, sie waren mir regelrecht peinlich. Wurde ich für eine gute Moderation gelobt, lautete meine Antwort: „Ja, gell, die Bühne hat wirklich toll ausgesehen!" oder „Na ja – es war ja auch nicht wirklich schwierig ...!"

Dabei sollten wir Lob genauso ernst nehmen wie negative Kritik. Beides brauchen wir, um unseren Ausgangspunkt zu verlassen und weiterkommen zu können. Negative Kritik zeigt uns unsere Grenzen auf, Anerkennung lässt uns über unsere Grenzen hinauswachsen. Lob, das wir annehmen können, verwandelt sich in Mut und bringt uns dazu, auch beim nächsten Mal wieder über unseren Schatten zu springen.
Vertrauen Sie dem Schatz, den Sie in sich tragen, schöpfen Sie aus der Fülle Ihrer Einzigartigkeit und gehen Sie Ihren Weg.

Und wenn Sie dabei auf Anerkennung stoßen?

Rechtfertigen Sie sich nicht!
Begründen Sie nicht!
Freuen Sie sich!

Literatur

Amon, Ingrid: *Die Macht der Stimme. Persönlichkeit durch Klang, Volumen und Dynamik;* Redline Wirtschaft, Heidelberg

Balser-Eberle, Vera: *Sprechtechnisches Übungsbuch;* ÖBV Pädagogischer Verlag, Wien

Bandler, Richard und Grinder, John: *Neue Wege der Kurzzeit-Therapie;* Junfermann Verlag, Paderborn

Coblenzer, Horst und Muhar, Franz: *Atem und Stimme. Anleitung zum guten Sprechen;* ÖBV Pädagogischer Verlag, Wien

Croos-Müller, Claudia: *Überzeugend auftreten. Körpersprache und Selbstpräsentation für Frauen;* Kösel, München

Holzheu, Harry: *Das ultimative Rhetorik-Brevier. Die 120 besten Erfolgsprinzipien für Redner;* Econ, Berlin

Klotzki, Peter: *Wie halte ich eine gute Rede? In 7 Schritten zum Publikumserfolg;* Deutscher Taschenbuch Verlag, München

Middendorf, Ilse: *Der erfahrbare Atem. Eine Atemlehre;* Junfermann Verlag, Paderborn

Molcho, Samy: *Alles über Körpersprache. Sich selbst und andere besser verstehen;* Goldmann, München

Pease, Allan und Pease, Barbara: *Der tote Fisch in der Hand und andere Geheimnisse der Körpersprache;* Ullstein, Berlin

Scheufele-Osenberg, Margot: *Atemschulung für seelisches und körperliches Gleichgewicht;* ECON Taschenbuchverlag Düsseldorf und Wien

Werner, Kerstin: *Sprechbildung. Ein Übungsbuch;* ÖBV Pädagogischer Verlag, Wien

Adressen, die weiterhelfen

Maria Pauline Hofer
Farbe – Stil – Image
www.farbe-stil-image.co.at

Ulla Hofinger
Atemlehre/-therapie nach Middendorf
www.atem-stimme-klang.at

Yogazentrum PUREYOGA
Ashtanga Yoga Vienna,
Mag. Horst Rinnerberger
www.pureyoga.at

Renate Reuter
Systemische Lebensberatung
Coaching – Supervision
www.renate-reuter.at

Sanne Stria
Praxis für Stimmcoaching
www.sannestria.at

Dank

Ich möchte mich auf diesem Wege bei einigen, ganz besonderen, Menschen aus ganzem Herzen bedanken:

Bei Alfred Schierer vom Ueberreuter Verlag, der von Anfang an an dieses Projekt geglaubt hat und immer positiv ist.
Bei Thomas Maria Laimgruber für die wunderschönen Fotos und die gute Atmosphäre während unserer gemeinsamen Arbeitsstunden.
Bei Walter Reiterer, der für meine Worte den kreativen Mantel geschaffen hat und bei Marie-Therese Pitner, gegen die alle Fehlerteufel dieser Welt chancenlos sind.
Bei Valerie Brunialti, Francisco Müller und Georg Reiser, die das Manuskript im Rohzustand Probe gelesen und mir wertvolles Feedback gegeben haben.
Bei Orange Duck, Hitradio Ö3 und der FERROPAN Unternehmensgruppe dafür, dass wir in ihren Firmenräumlichkeiten fotografieren durften. Ein besonderes Dankeschön an dieser Stelle an Albina Zeller, Marietta Zeller, Valerie Brunialti, Robert Sobitsch und Norbert Wirth, die sich großzügigerweise als Models zur Verfügung gestellt haben!
Bei Claudia Gabler, ohne die PR- und seminartechnisch in meinem Unternehmen gar nichts laufen würde.
Beim gesamten Ö3-Wecker-Team, mit dem ich in den letzten Jahren oft mehr Zeit verbracht habe, als mit so manchem Lebensabschnittspartner.

Ich möchte meinen Freundinnen für ihre Warmherzigkeit, Energie und Klugheit danken. Ohne sie wäre mein Leben ganz einfach nicht dasselbe: Claudia, Johanna, Iris, Mariella, Stephanie und Gerlinde.
Jeder Mensch braucht starke Wurzeln, damit er wachsen kann. Meine Wurzeln sind meine Familie.
Ich danke Silvana, Albina, Marietta und Emilia – und meinen Eltern, die mir immer die Freiheit gelassen haben, meine eigenen Wege zu gehen.
Ich danke Wolfgang für die Liebe und Unterstützung – jeden Tag aufs Neue!

Die Autorin

Daniela Zeller beschäftigt sich seit über 15 Jahren intensiv mit dem Thema „Kommunikation". Sie ist Moderatorin, diplomierte Sprecherin, Trainerin für Kommunikation, Rhetorik und Präsentationstechnik und zertifizierter systemischer Coach.

Bekannt wurde sie unter anderem im Ö3-Wecker.

Als Präsentatorin von Veranstaltungen und als Diskussionsleiterin steht sie regelmäßig auf der Bühne.

Sie hält Seminare, Workshops und Vorträge, sowohl öffentlich als auch in Unternehmen. In ihrem Büro in Wien ist sie als systemischer Coach tätig.

www.danielazeller.com